PASCAL

OPUSCULES
PHILOSOPHIQUES

HACHETTE ET Cie

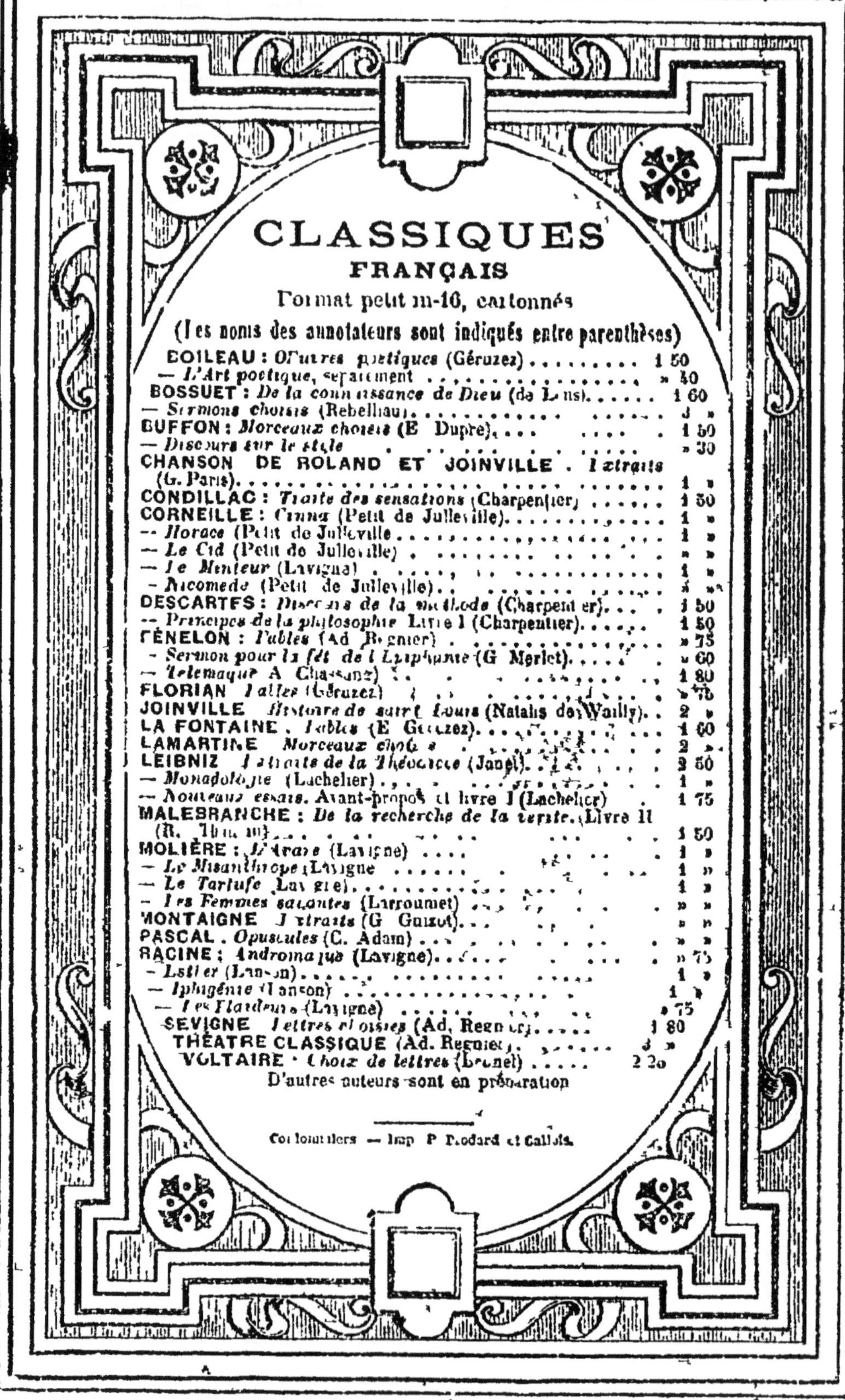
CLASSIQUES
FRANÇAIS
Format petit in-16, cartonnés
(les noms des annotateurs sont indiqués entre parenthèses)
BOILEAU : Œuvres poétiques (Géruzez) 1 50
— L'Art poétique, séparément . . . . » 40
BOSSUET : De la connaissance de Dieu (de Lens) 1 60
— Sermons choisis (Rebelliau) . . . . 3 »
BUFFON : Morceaux choisis (E. Dupré) 1 50
— Discours sur le style . . . . » 30
CHANSON DE ROLAND ET JOINVILLE . Extraits (G. Paris) . . . . 1 »
CONDILLAC : Traité des sensations (Charpentier) 1 50
CORNEILLE : Cinna (Petit de Julleville) . . . . 1 »
— Horace (Petit de Julleville) . . . . 1 »
— Le Cid (Petit de Julleville) . . . . » »
— Le Menteur (Lavigne) . . . . 1 »
— Nicomède (Petit de Julleville) . . . . 1 »
DESCARTES : Discours de la méthode (Charpentier) 1 50
— Principes de la philosophie, Livre I (Charpentier) 1 50
FÉNELON : Fables (Ad. Regnier) . . . . » 75
— Sermon pour la fête de l'Épiphanie (G. Merlet) . . . . » 60
— Télémaque (A. Chassang) 1 80
FLORIAN : Fables (Géruzez) . . . . » 75
JOINVILLE : Histoire de saint Louis (Natalis de Wailly) . . 2 »
LA FONTAINE : Fables (E. Géruzez) 1 60
LAMARTINE : Morceaux choisis . . . . 2 »
LEIBNIZ : Extraits de la Théodicée (Janet) 2 50
— Monadologie (Lachelier) . . . . 1 »
— Nouveaux essais. Avant-propos et livre I (Lachelier) . . 1 75
MALEBRANCHE : De la recherche de la vérité, Livre II (R. Thamin) 1 50
MOLIÈRE : L'Avare (Lavigne) . . . . 1 »
— Le Misanthrope (Lavigne) . . . . 1 »
— Le Tartufe (Lavigne) . . . . 1 »
— Les Femmes savantes (Larroumet) . . . . » »
MONTAIGNE : Extraits (G. Guizot) . . . . » »
PASCAL : Opuscules (C. Adam) . . . . » »
RACINE : Andromaque (Lavigne) . . . . » 75
— Esther (Lanson) . . . . 1 »
— Iphigénie (Lanson) . . . . 1 »
— Les Plaideurs (Lavigne) . . . . » 75
SÉVIGNÉ : Lettres choisies (Ad. Regnier) 1 80
THÉATRE CLASSIQUE (Ad. Regnier) . . . . 3 »
VOLTAIRE : Choix de lettres (Brunel) 2 25
D'autres auteurs sont en préparation
Coulommiers — Imp. P. Brodard et Gallois.

OPUSCULES
PHILOSOPHIQUES

DU MÊME AUTEUR

Études sur les principaux philosophes, rédigées conformément aux programmes du 22 janvier 1885, à l'usage de la classe de philosophie et des candidats au baccalauréat ès lettres. 1 vol. in-16, broché. . . . . 4 fr.

15302. — Imp. A. Lahure, 9, rue de Fleurus, à Paris.

PASCAL

OPUSCULES PHILOSOPHIQUES

PUBLIÉS AVEC

UNE VIE DE PASCAL, DES INTRODUCTIONS ET DES NOTES

PAR

CH. ADAM

Ancien élève de l'École normale supérieure
Chargé du cours de philosophie à la Faculté des lettres de Dijon

PRÉFACE SUR LE TRAITÉ DU VIDE
ENTRETIEN DE PASCAL AVEC M. DE SACI
DE L'ESPRIT GÉOMÉTRIQUE

PARIS
LIBRAIRIE HACHETTE ET Cie
79, BOULEVARD SAINT-GERMAIN, 79

1887

AVERTISSEMENT

Nous donnerons ici d'abord une *Vie abrégée* de Pascal, d'après les documents suivants : 1° les quelques lettres qui restent de Pascal, de son père et de ses deux sœurs, Gilberte et Jacqueline ; 2° la *Vie de B. Pascal*, et le *Mémoire touchant la vie de la sœur Jacqueline de Sainte-Euphémie Pascal*, par Mme Périer, leur sœur (Gilberte Pascal) ; 3° la *Préface* aux deux *Traités de l'équilibre des liqueurs* et *de la pesanteur de la masse de l'air* (1663), et la *Préface* de la première édition des *Pensées* (1669), par Étienne Périer, neveu de Pascal ; 4° deux *Mémoires* de Marguerite Périer, sa nièce, sur Pascal et tous les siens ; 5° enfin, divers témoignages du chevalier de Méré, d'Arnauld, Nicole, Racine, et ceux qui sont rapportés avec les deux *mémoires* de Marguerite Périer dans le *Recueil de plusieurs pièces pour servir à l'histoire de Port-Royal* (Utrecht, 1740), connu sous le nom de *Recueil d'Utrecht*, etc...

La plupart de ces documents ont été publiés par M. Faugère (*Lettres, opuscules et Mémoires de Mme Périer et de Jacqueline, sœurs de Pascal, et de Marguerite Périer, sa nièce,* 1 vol. in-8, Paris, 1845). Les autres se trouvent au tome III, des *Œuvres complètes de B. Pascal* (3 vol. in-18, Hachette, 1881).

Le texte des trois opuscules qu'on trouvera ici est emprunté, pour la *Préface sur le Traité du vide*, et pour le double fragment *De l'esprit géométrique*, à M. Faugère, qui l'a publié d'après des manuscrits dans ses *Pensées de Blaise Pascal* (Paris, 1844, t. I, p. 89, 121 et 153). M. Havet a suivi ce texte lorsqu'il édita, à son tour, les *Pensées* (Delagrave, 1re édit., 1852, et 4e édit., 1887, t. II, p. 266, 278 et 296).

L'*Entretien de Pascal avec M. de Saci* a été rédigé par Fontaine, le secrétaire de ce dernier. M. Faugère a suivi jusqu'ici le texte de Tronchai, qui se fit l'éditeur de Fontaine, dans les *Mémoires pour servir à l'histoire de Port-Royal* (Utrecht, 1736, t. II, p. 54-73). M. Havet préféra d'abord un texte qu'avait donné auparavant, pour cet *Entretien*, le P. Desmolets, bibliothécaire de l'Oratoire, dans la *Continuation des mémoires de littérature et d'histoire* (Paris, 1728, t. V, p. 239--71). Puis il consulta un manuscrit des *Mémoires* de Fontaine, le 2980 de la bibliothèque Mazarine, et profitant en outre des variantes que lui communiqua M. Gazier, d'après un autre manuscrit possédé par lui, il donna un texte meilleur, et c'est celui qu'on trouvera ici. Pourtant certaines corrections du P. Desmolets ont été conservées, ainsi que quelques-unes des explications, souvent fort utiles, que Tronchai aurait, pensait-on, introduites dans son édition. D'ailleurs ces dernières sont confirmées plus d'une fois par un troisième manuscrit que Sainte-Beuve a eu entre les mains, et dont il cite plusieurs passages dans son *Port-Royal* (3e édit., 1867, t. II, p. 245-6, 385 et 387).

Nous essayerons de déterminer la date de chacun des opuscules, et la place qu'ils tiennent dans l'œuvre de Pascal.

Pour les notes et remarques, le commentaire de M. Havet nous a beaucoup servi; nous y avons ajouté plusieurs citations de philosophes du dix-septième siècle, et çà et là quelques explications pour faire comprendre le rôle de Pascal comme savant et comme apologiste du christianisme. On peut consulter avec intérêt sur cette double question deux récents ouvrages, l'un de M. Nourrisson, *Pascal physicien et philosophe* (Perrin, 1885), l'autre de M. Edouard Droz, *Étude sur le scepticisme de Pascal* (Alcan, 1886). On peut toujours relire aussi sur Pascal les pages brillantes de Prévost-Paradol dans ses *Moralistes français* (Hachette, 1865);

enfin, dans la *Revue des Deux Mondes* du 15 mars 1887, vient de paraître une belle et magistrale étude, *la Philosophie de Pascal*, par M. F. Ravaisson.

VIE DE PASCAL

§ 1.

ENFANCE ET JEUNESSE. — SÉJOUR A CLERMONT, A PARIS, A ROUEN. « TRAITÉ DES CONIQUES ». — MACHINE D'ARITHMÉTIQUE.

Blaise Pascal naquit le 19 juin 1623 à Clermont, en Auvergne. Sa sœur aînée, Gilberte, était du 3 janvier 1620, et son autre sœur, Jacquette ou Jacqueline, du 4 octobre 1625. Leur mère mourut jeune encore, en 1626. Étienne Pascal, le père, resté seul avec ses trois enfants, résolut de les élever lui-même. Il apprit à sa fille aînée, Gilberte, les mathématiques, la philosophie et l'histoire. Et comme il était second président à la Cour des aides de Montferrand, il vendit cette charge à un frère, et, en 1631, emmena sa famille à Paris, où lui-même avait fait jadis ses études de droit : là seulement, pensait-il, libre de tout soin, il pourrait donner à son fils une éducation en rapport avec l'esprit extraordinaire dont celui-ci, dès l'enfance, avait donné des marques.

Il ne voulut point cependant lui apprendre le latin qu'il n'eût douze ans, « afin qu'il le fît avec plus de facilité ». Jusque-là, il se contentait de lui montrer d'abord ce que c'était que les langues, et comment on les avait réduites en grammaires. « Cette idée générale lui débrouillait l'esprit, et lui faisait voir la raison des règles de la grammaire, de sorte que, quand il vint à l'apprendre, il savait pourquoi il le faisait. » En même temps, Étienne Pascal lui parlait des effets extraordinaires de la nature, comme de la poudre à canon, etc. ; mais l'enfant voulait savoir les raisons de toutes choses, et, quand on ne lui en disait pas de bonnes, il en cherchait lui-même. C'est ainsi qu'une fois, entre autres, étonné de ce qu'un plat de faïence qu'on venait de frapper avec un couteau, rendit un grand son qui cessa aussitôt qu'on eut mis la main dessus, cette expérience le porta à en faire beaucoup d'autres sur les sons, et il y remarqua tant de choses, qu'il en composa un petit traité, à l'âge de douze ans.

Le moment était venu de commencer le latin et le grec. Mais un événement imprévu faillit déjouer les desseins du père. Fort instruit lui-même dans les mathématiques, il savait combien cette science remplit et satisfait un esprit net et avide de vérité; aussi voulut-il que son fils se perfectionnât d'abord dans les langues anciennes, craignant que cette autre étude ne les lui fît négliger. Pascal cependant lui demandait sans cesse ce que c'était que cette science dont on lui faisait mystère. Le père, importuné, lui répondit à la fin qu'elle donnait le moyen de faire des figures justes et de trouver les proportions qu'elles avaient entre elles, et lui défendit d'en parler davantage. Mais cette définition fit réfléchir l'enfant : il traça avec du charbon, sur les carreaux de sa chambre, des droites, des cercles, qu'il appelait des barres et des ronds, et, la géométrie d'Euclide aidant, qu'il parcourut à la hâte et en cachette, Étienne Pascal le surprit un jour occupé à démontrer que, dans un triangle, la somme des angles est égale à deux droits, ce qui est la trente-deuxième proposition du premier livre d'Euclide. Il avait, on peut le dire, inventé de nouveau la géométrie à douze ans.

Le père en versa des larmes de joie, non devant son fils, qu'il quitta sans mot dire, mais devant un ami intime, M. Le Pailleur. Ce dernier lui conseilla de ne pas captiver plus longtemps un tel esprit, mais de lui laisser voir les livres de mathématiques, sans le retenir davantage. Toutefois, Étienne Pascal ne lui permit pas encore d'étudier la géométrie, sinon à ses heures de récréation. Le reste du temps, il devait apprendre le latin et le grec. En outre, pendant et après les repas, leurs entretiens avaient pour objet tantôt la logique, tantôt la physique et les autres parties de la philosophie; toutes ces matières, qui coûtaient tant de peine et aux élèves et aux maîtres dans les collèges, ne furent sans doute pour le père et le fils qu'un divertissement et un jeu. Telles furent les études de Pascal, de douze à seize ans environ. Cependant il continuait de s'appliquer à sa science favorite, et, sur la fin de 1639, il fit même un petit *Traité des coniques.* Descartes, à qui on l'envoya en Hollande, crut d'abord qu'il était de M. Desargues, mathématicien que le jeune savant avait en effet imité; puis, lorsqu'une lecture plus attentive lui eut fait reconnaître quelque partie originale dans ce petit ouvrage, il aima mieux l'attribuer à M. Pascal le père, ne croyant pas qu'il fût d'un enfant de cet âge.

Les progrès rapides de Pascal étaient dus, non seulement à son propre travail, mais à la frequentation de tous les habiles gens de Paris en cette science. Ils s'assemblaient toutes les semaines régulièrement chez le P. Mersenne, pour apporter leurs ouvrages en commun, ou pour examiner ceux des autres. Dans cette Académie naissante, on discutait des propositions envoyées d'Italie, d'Allemagne et d'autres pays étrangers. On estimait beaucoup Galilée, dont le P. Mersenne traduisit même quelques livres. On critiquait les traités scientifiques que Descartes avait publiés en 1637 avec le *Discours de la méthode*. Une querelle s'éleva même entre Fermat, conseiller au Parlement de Toulouse, et le philosophe. Étienne Pascal prit parti pour Fermat, avec Roberval, professeur de mathématiques au Collège de France. Ils adressèrent tous deux plusieurs écrits à Descartes, et lui proposèrent des problèmes. Ces débats étaient connus sans doute du jeune Pascal, qui assista de bonne heure à ces conférences. Il y tenait fort bien son rang, et était même un de ceux qui apportaient le plus souvent des choses nouvelles. Aussi les mathématiciens de Paris accueillirent-ils avec faveur ses premiers essais, et, sans s'arrêter à ce qu'en pensait Descartes, ils déclarèrent que, depuis Archimède, on n'avait rien vu de cette force.

Etienne Pascal ne recevait pas moins de contentement de sa fille, Jacqueline, qui se faisait applaudir dans les salons et même à la cour, comme son frère au milieu des savants. Elle avait une mémoire excellente, et une inclination naturelle pour la poésie, ou plutôt pour le rythme et la cadence : à huit ans, elle ne savait pas encore lire qu'elle faisait déjà des vers. On encouragea ce petit talent de société, et elle s'en servit bientôt dans une occasion importante. Etienne Pascal avait placé tout son bien en rentes à Paris sur l'Hôtel de Ville. En mars 1638, beaucoup de rentiers, qu'on ne payait plus, vinrent réclamer auprès du chancelier Seguier : il se dit ce jour-là des paroles, et même on fit quelques actions un peu violentes et séditieuses. Etienne Pascal se trouvait parmi les mécontents, mais il s'efforça plutôt, paraît-il, d'apaiser le tumulte. Néanmoins, comme Richelieu avait donne l'ordre de mettre les principaux à la Bastille, il se cacha chez des amis, et jugea prudent de s'exiler jusqu'en Auvergne. Jacqueline était restée à Paris. Les amis de son père lui firent d'abord composer un sonnet à la reine sur la naissance prochaine d'un dauphin, et la menèrent à Saint Germain le réciter elle-même : elle reçut beaucoup de compliments et de caresses de toute la cour, mais son père ne fut pas encore rappelé. Plus tard, en février 1639, Richelieu eut la fantaisie de faire jouer devant lui la comédie par des enfants. Sa nièce, la duchesse d'Aiguillon, qui connaissait la famille Pascal, choisit à dessein Jacqueline. La petite actrice ravit le tout-puissant ministre, qui lui accorda ce qu'elle voulut. Étienne Pascal revint donc à Paris. Il alla remercier le cardinal, ainsi que le chancelier, et ceux ci, augurant bien de son mérite, dont il avait d'ailleurs donné déjà des preuves, l'envoyèrent, à la fin de 1639, comme intendant de Justice et des Finances en Normandie.

A Rouen, ses enfants ne pouvaient exciter moins d'admiration qu'ils n'avaient fait jusqu'alors à Paris. Corneille, sans parler du poète Benserade ni de Mlle de Scudéry, s'intéressa aux essais poétiques de Jacqueline. Il lui conseilla même d'écrire des stances pour un concours annuel en l'honneur de la Vierge et de l'Immaculée Conception : deux fois, elle y remporta le prix, en décembre 1640 et 1641. De son côté, Pascal songeait à aider son père dans les longs et pénibles calculs auxquels l'obligeaient ses nouvelles fonctions. Il inventa une machine d'arithmetique, par laquelle on pouvait faire toutes sortes de supputations avec une sûreté infaillible. Il n'avait alors que dix-huit ans, dit sa sœur; dix-neuf, dira son beau-frère; ailleurs, on lit vingt ans. En février 1644 au moins, la machine était prête, et Condé voulut la voir à Paris en son hôtel. L'année suivante, son auteur l'envoyait avec une dédicace au chancelier Séguier. Quant à Étienne Pascal, il remplissait les devoirs de sa charge d'une manière qui lui méritait l'estime de tous et les distinctions de la Cour : en décembre 1645, on lui expédia des lettres de Conseiller d'État. En même temps, il pensait « à pousser sa fortune, à établir ses enfants et à les élever en gens d'honneur selon leur condition ». C'est ainsi qu'avec l'agrément du roi, il faisait venir d'Auvergne en Normandie un fils de sa cousine germaine, Florin Périer, qui était un homme de valeur, pour une commission importante dans l'intendance de la province, et, en 1641, lui donnait sa fille aînée, Gilberte, en mariage. Il aurait volontiers aussi marié son autre fille, et plusieurs partis s'étaient déjà présentés, car elle ne songeait nullement alors à être religieuse; au contraire, « elle avait un grand éloignement et même un peu de mépris pour cet état, parce qu'elle croyait qu'on y pratiquait des choses qui n'étaient pas capables de satisfaire un esprit raisonnable ».

On ne manquait pas cependant de religion dans la famille Pascal. Le père était un croyant non moins qu'un savant, et il borna toujours la curiosité de son esprit aux choses de la nature. Il donna pour maxime à son fils que tout ce qui est l'objet de la foi ne le saurait être de la raison; celle-ci est si éloignée d'être au-dessus de toutes choses que, même en matière de sciences, elle doit se tenir dans certaines limites, celles de l'observation et du raisonnement. Et lui-même ne décidait que des choses évidentes; à l'égard de celles qui ne le sont pas, il s'abstenait sagement de rien affirmer ou nier, et il gardait toujours « ce juste milieu et ce parfait tempérament où, disait plus tard son fils, par un bonheur que je ne puis assez reconnaître, j'ai été toujours élevé avec une méthode singulière et des soins plus que paternels ». Cette probité scientifique, qui n'exclut pas dans un autre domaine la croyance et la foi en des choses supérieures, venait chez Étienne Pascal du même esprit de droiture et d'équité qu'il portait partout, dans les fonctions de sa charge comme dans les affaires de la vie. Ce n'était pas encore assez, cependant, pour des consciences rigides et scrupuleuses à l'excès, comme celles des jansénistes; et plus tard sa petite-fille, Marguerite Périer, ne craindra pas de dire que « tout ce qu'il faisait n'était proprement l'effet que d'une vertu morale, mais point du tout d'une vertu chrétienne. Semblable, dit-elle encore, à ces honnêtes gens selon le monde, il pensait pouvoir allier des vues de fortune avec la pratique de l'Évangile ».

§ 2.

PREMIÈRE CONVERSION. — EXPÉRIENCES SUR LE VIDE. — MORT DE SON PÈRE. — VIE MONDAINE. — LE « TRIANGLE ARITHMÉTIQUE » ET SES APPLICATIONS.

En janvier 1646, un accident arriva à Étienne Pascal : il tomba sur la glace et se démit la cuisse. Deux gentilshommes du pays, MM. de la Bouteillerie et Deslandes, vinrent le soigner et restèrent trois mois à la maison. C'étaient deux frères qui avaient étudié la médecine et l'exerçaient par charité pour le soulagement des pauvres et des malades. Ils étaient nourris de la doctrine de Jansénius, de Saint-Cyran et d'Arnauld. Ceux-ci enseignaient dans leurs ouvrages, avec une morale très austère, la necessité de la grâce divine pour faire son salut ; comme elle n'est donnée qu'à un petit nombre, chacun doit vivre dans la crainte et le tremblement, et cependant tout faire pour la mériter, ne pas s'en tenir aux pratiques de la dévotion commune, mais aller jusqu'à un entier sacrifice, à un renoncement absolu de soi. Pascal fut le premier entraîné par les pieuses exhortations de ces hommes de bien. Son esprit curieux entrevit là des matières nouvelles ; il lut avidement les livres qui en traitaient, et apporta aussitôt dans les discussions théologiques la même humeur bouillante qu'il montrait en toutes choses. Aussi, non content de garder pour soi ce feu nouveau, il voulut enflammer chacun autour de lui.

« Tout raisonne, tout prêche, tout persuade en cette maison », écrivait Balzac en parlant de la famille Arnauld ; de même Pascal convertit d'abord son père, qui, « n'ayant pas honte de se rendre aux enseignements de son fils, embrassa pour lors une manière de vie plus exacte ». Il convertit sa jeune sœur, Jacqueline, dont le caractère n'était pas moins passionné que le sien : dès ce moment, sans doute, elle songea à se consacrer à Dieu, mais n'en dit rien encore. Sa sœur aînée étant mariée déjà, résolut au moins, ainsi que M. Périer, d'élever leurs enfants dans la plus sévère piété. Elle-même, jeune encore et belle, avec beaucoup d'esprit, renonça pour toujours aux distractions mondaines.

Le zèle de Pascal, après avoir ainsi transformé tous les siens, éclata ensuite au dehors. En février 1647, un capucin, le sieur de Saint-Ange, qui d'ailleurs sollicitait une cure aux environs, exposait à Rouen dans des conversations particulières une théologie qui paraissait nouvelle. Pascal vint l'écouter avec deux ou trois jeunes gens de ses amis. Ils furent choqués d'entendre dire à ce religieux, que tous les mystères, même celui de la Trinité, même ceux de l'Incarnation et de l'Eucharistie, pouvaient être connus par raisonnement, sans qu'on eût besoin de la foi; celle-ci n'était que comme un supplément aux esprits dont le raisonnement n'était pas assez vigoureux. Pascal avait appris une tout autre doctrine, de son père d'abord, puis des jansénistes. Le capucin professait en outre des sentiments particuliers sur la grâce, qu'il ne croyait requise que pour certaines actions très importantes, lesquelles alors se font sans qu'on ait de mérite à les faire; mais la plupart des hommes reçoivent pour la vie ordinaire une grâce, donnée également à tous, et sans laquelle, en définitive, on pourrait encore aimer Dieu, celui-ci étant assez aimable par lui-même, aussitôt que l'on connaît ses perfections et ses beautés. Enfin Saint-Ange se piquait de philosophie et de science, mais de façon à s'attirer la risée de Pascal, non moins que les nouveautés du théologien excitaient son indignation. Ses amis et lui déférèrent le moine à l'archevêque de Rouen, qui aurait mieux aimé qu'on abandonnât cette affaire; mais, sur leurs instances, il dut la poursuivre. Par bonheur, Étienne Pascal, qui approuvait peu l'emportement de son fils, intervint comme médiateur; à deux reprises, le religieux se rétracta, et on fit un accommodement.

A voir Pascal engagé de la sorte jusque dans des querelles théologiques, ne croirait-on pas qu'il s'y était livré tout entier et sans retour? Cependant, entre ces deux épisodes, l'accident de son père avec toutes ses suites, et l'affaire Saint-Ange, s'en place un autre d'un caractère bien différent, et qui montre que, jusque-là du moins, les préoccupations religieuses n'excluaient pas chez lui la curiosité scientifique. En octobre 1646, un savant, M. Petit, vint à Rouen avec des instructions rapportées d'Italie par le P. Mersenne pour faire certaine expérience sur le vide: on remplissait de vif-argent un tuyau de verre, fermé par un bout; on le renversait par l'autre bout dans une cuvette pleine aussi de vif-argent, et celui du tuyau, au lieu de tomber tout entier dans la cuvette, ne descendait que jusqu'à un certain endroit, laissant au dessus de lui un espace qui paraissait vide. M. Petit fit plusieurs fois l'expérience devant Pascal, qui la répéta ensuite lui-même les mois suivants jusqu'en janvier, avec toutes sortes de liqueurs, et des tuyaux de toute dimension, en présence de plus de cinq cents personnes assemblées. Le vide existait donc, et il fallait rejeter cette ancienne maxime des philosophes, que la nature a horreur du vide.

Pascal préparait un traité entier sur cette matière. Mais il voulut d'abord publier le récit de ses propres expériences, sous forme d'un simple abrégé. Ce fut sans doute en partie pour cela, en partie pour se faire soigner, car tous ses travaux pour la machine d'arithmétique et le reste, l'avaient rendu fort malade, qu'il vint à Paris, avec sa sœur Jacqueline, vers le milieu de 1647. Justement Descartes y vint lui-même quelque temps après, et le 23 et 24 septembre, il fit deux visites au jeune savant. On parla surtout des nouvelles expériences : Descartes, qui définissait la matière par l'idée géométrique de l'étendue, n'admettait point de vide dans l'espace, et soutenait que le vide apparent, qu'on venait de constater, est rempli d'une matière subtile, qui ne tombe sous aucun sens. Pascal protestait poliment. On parla sans doute aussi de la cause qui maintient suspendu le vif-argent dans le tuyau renversé. Pascal y songeait depuis quelque temps et méditait plusieurs expériences pour la découvrir. Descartes, qui avait déjà supposé que c'était le poids de la masse d'air, en pesant sur le mercure de la cuvette au dehors, lui donna, dit-il plus tard, la première idée de l'expérience du Puy-de-Dôme, qui devait vérifier cette supposition.

En octobre 1647, Pascal fit imprimer son *Abrégé,* et reçut aussitôt les objections d'un jésuite, le P. Noel, partisan du plein comme Aristote et comme Descartes, et qui interprétait en conséquence les expériences de Rouen. La réponse ne tarda guère. Le P. Noël publia ensuite un écrit assez long, *le Plein du Vide.* Étienne Pascal crut devoir alors se mêler à la querelle, et envoya de Rouen au jésuite une lettre où il lui reproche sa mauvaise foi, le style d'injures qu'il avait affecté, et il l'estime trop heureux du silence gardé par un jeune homme, qui aurait pu lui répliquer en termes capables de lui causer un éternel repentir. Son fils cependant adressait à un vieil ami, M. Le Pailleur, une vive repartie, où il ne se fait pas faute d'employer à l'égard du jésuite une ironie plus mordante et sans doute aussi plus efficace que ne pouvaient être les invectives du père.

Cette polémique, qui dura jusqu'en avril 1648, suffisait, ce semble, à remplir tout le temps de Pascal, avec les soins que réclamait sa mauvaise santé. Toutefois, il eut en outre cet hiver bien d'autres occupations. Au mois de mai, son père étant venu à Paris pour une affaire domestique, il dut lui avouer qu'il avait mené souvent sa sœur à l'église de Port-Royal, pour écouter les sermons de M. Singlin; que lui-même l'avait mise en relations avec cet austère directeur, et qu'enfin Jacqueline, encouragée de plus en plus par lui, était resolue à entrer en religion. Étienne Pascal, qui avait sans doute conservé, malgré son redoublement de piété, les mêmes sentiments qu'autrefois sur la vie religieuse, irrité d'ailleurs de ce qu'on avait agi en tout cela à son insu, répondit qu'il n'y consentirait jamais. Puis, n'ayant plus confiance en ses deux enfants, il donna l'ordre à une ancienne domestique, qui les avait élevés, de surveiller désormais toutes leurs démarches.

Néanmoins, au bout d'une année, en mai 1649, comme Jacqueline persévérait dans sa résolution, il lui demanda seulement « de ne le point quitter; que sa vie ne serait, possible, pas encore bien longue, et qu'il la priait d'avoir cette patience, et cependant qu'il lui donnerait la liberté de vivre comme elle voudrait dans sa maison ». Puis, comme il avait perdu sa charge, lorsqu'en 1648 le Parlement obtint la suppression des intendants, et que Paris était rempli de troubles à cause de la Fronde, il se retira à Clermont avec son fils et sa fille, et tous logèrent chez M. et Mme Périer. Là, Jacqueline ne cessa pas, malgré la distance, de recevoir les avis de Port-Royal; elle adopta un genre de vie à part, veillant et priant beaucoup, travaillant pour les pauvres et soignant les malades, d'ailleurs silencieuse et discrète au milieu des siens, et ne leur parlant jamais de Dieu, sinon par l'exemple, « qui, lui écrivait la mère Agnès, est une sorte de langage que tout le monde entend, et qui instruit mieux que tous autres discours ».

Cependant, de quoi s'occupaient Pascal et son père, de mai 1649 à novembre 1650, à Clermont? M. Périer avait fait l'année précédente, le 19 septembre 1648, sur les instructions de son beau-frère, la fameuse expérience du Puy-de-Dôme, répétée aussitôt par Pascal lui-même à Paris, au haut de Notre-Dame et de la tour Saint-Jacques. Comme, à mesure qu'on s'élève, le poids de l'air diminue, il s'agissait de savoir si la hauteur du vif-argent suspendu dans le tuyau vide serait la même en bas et au sommet d'une montagne : elle se trouva moindre en haut; donc cette suspension du vif-argent a réellement pour cause la pesanteur et la pression de l'air, et non pas l'horreur du vide. Pascal publia aussitôt un *Récit de la grande expérience de l'équilibre des liqueurs*, comme il l'appelle, et se remit sans doute au *Traité du vide*, qu'il avait promis. En outre, il s'aperçut à Paris que non seulement la diversité des lieux, suivant qu'ils sont plus ou moins élevés, mais aussi la diversité des temps en un même lieu, selon qu'il faisait plus ou moins froid ou chaud, sec ou humide, causaient de différentes élévations ou abaissements du vif-argent dans le tuyau. Il manda la chose à M. Perier, qui, pour savoir si cela était vrai, entreprit toute une série d'expériences, du commencement de 1649 jusqu'au dernier jour de mars 1651. Pascal et son père vinrent le rejoindre à Clermont une partie de ce temps, et ce fut sans doute alors que leur compatriote Domat, ami de toute la famille, prit part à leurs travaux scientifiques. Enfin M. Périer, non content de ce qu'il pouvait observer lui-même en Auvergne, en informa un autre ami, M. Chanut, qui se trouvait, comme ambassadeur de France, à Stockholm, avec Descartes. L'un et l'autre firent en commun plusieurs observations sous le climat de la Suède; mais bientôt on apprit à Clermont, par une lettre de M. Chanut, du 28 mars 1650, que Descartes venait de mourir.

De retour à Paris, Pascal continuait à se montrer curieux de science et même assez jaloux de la gloire que ses inventions lui avaient acquise. Un jésuite, au Collège de Montferrand, la lui contesta dans une thèse soutenue en public. Pascal écrivit aussitôt, sur le conseil de son père, à M. de Ribeyre, président à la Cour des aides de Clermont. Il revendiquait la part légitime qui lui revient après Galilée et Torricelli, dans toutes ces expériences sur le vide; il s'indignait du reproche de larcin, qui est tel, dit-il, qu'un homme d'honneur ne doit point souffrir de s'en voir accuser. M. de Ribeyre l'apaisa, en protestant que « les paroles qui avaient été dites à Montferrand, étaient plus dignes de mépris que d'être relevées avec tant de soin », et qu'il connaissait trop, d'autre part, « sa candeur et sa sincérité, pour le croire capable d'une chose si contraire à la vertu qui paraissait en toutes ses actions et dans ses mœurs. Je l'honore, ajoutait-il, et la révère en vous plus que votre science. »

Ces lettres sont de juillet et août 1651. Le 24 septembre, Étienne Pascal mourait à Paris. Son fils et sa fille reçurent les consolations de M. Singlin et de la mère Agnès de Port-Royal, qui, d'ailleurs, n'avaient jamais cessé de les voir ou de leur écrire, malgré la vie un peu mondaine de Pascal, à qui les médecins ordonnaient quelques divertissements pour le guérir. Y eut-il en lui à ce moment un retour à des pensées plus religieuses, ou bien ne s'en etait il, au fond, jamais départi? Toujours est-il qu'il écrivit, le 17 octobre, à M. et Mme Périer, sur la mort de son père, une lettre de résignation et de dévotion, où les dogmes les plus rigoureux du christianisme sont rappelés avec leur sombre tristesse, et les textes sacres commentés mot à mot sans pitié. Toutefois, dans la même lettre, après tant de vérités accablantes pour l'esprit humain, les sentiments de la nature ont aussi leur tour, comme dans ces paroles, ou la piété du fils s'accorde si bien avec celle du chrétien : « Une des plus solides et des plus utiles charités envers les morts, est de faire les choses qu'ils nous ordonneraient, s'ils étaient encore au monde; par cette pratique, nous les faisons revivre en nous ». Et plus loin ce chaleureux appel à sa sœur, à son beau-frère, pour conserver intacte l'union de la famille, toujours un peu compromise par la mort du chef : « Je veux avoir pour vous plus de tendresse que jamais, car il me semble que l'amour que nous avions pour notre père ne doit pas être perdu..., et que nous devons principalement hériter de l'affection qu'il nous portait, pour nous aimer encore plus cordialement, s'il est possible. »

Mais Jacqueline Pascal, ayant satisfait au désir que son père avait eu de la garder auprès de lui jusqu'à sa mort, reprit son dessein d'entrer à Port Royal. Les affaires de famille une fois réglées, elle prévint sa sœur, Gilberte, la veille même de son départ. « Nous ne nous dîmes point adieu, raconte Mme Périer, de crainte de nous attendrir. » Elle ne vit point non plus son frère, « parce qu'elle craignait que sa vue ne lui donnât au cœur ». Ce fut ainsi qu'elle quitta le monde, le 4 janvier 1652, à l'âge de vingt-six ans et trois mois.

Pascal paraît avoir beaucoup souffert de cette séparation. Par deux fois, il essaya d'empêcher Jacqueline de s'engager irrévocablement, lors de la vêture, qui eut lieu le 26 mai 1652, et de la profession définitive, le 5 juin de l'année suivante. Mais il aimait tendrement sa sœur; les deux fois, il ne put la voir sans être touché aussitôt de la peine qu'il lui faisait, et il céda. Quelques difficultés surgirent néanmoins avant la profession pour le règlement de la dot : les trois enfants d'Étienne Pascal avaient des intérêts solidaires, et devaient répondre l'un pour l'autre en commun. Mais la maison de Port Royal montra tant de désintéreusement et de générosité, offrant de recevoir Jacqueline gratuitement, que Pascal, piqué d'honneur, voulut se conduire lui même en galant homme, et arranger les choses le mieux qu'il lui fût possible.

Ces deux années, 1652 et 1653, sont comme un moment de répit dans la vie de Pascal. Sa mauvaise santé l'obligeait de faire trêve à ses occupations scientifiques comme à ses méditations religieuses. Mais il ne faudrait pas trop ajouter foi là-dessus aux témoignages jansénistes. Mme Périer reconnaît elle-même que son frère s'est toujours exempté de vices, et que si l'emploi de son temps parut alors inutile et frivole, c'est surtout parce que Dieu l'appelait à une plus grande perfection. Il envoyait à Christine de Suède sa machine d'arithmétique avec une belle et fière préface, à laquelle Bourdelot, medecin de la reine, répondait dans les termes les plus flatteurs, le 14 mars 1652. En avril de la même année, chez la duchesse d'Aiguillon, au petit Luxembourg, il expliquait la même machine, et répétait en outre ses experiences du vide devant un grand concours de dames et de cordons bleus qui, tous, applaudissaient le nouvel Archimède. L'été, son bon ami, le duc de Roannez, un des rares ducs et pairs en ce temps-là, l'emmenait dans son gouvernement du Poitou avec le chevalier de Méré, qui a conté le voyage. Dans cette petite société d'*honnêtes gens*, Pascal, qui avait été jusque là surtout un homme de science, apprit à connaître le monde, où il faut pour réussir, comme le lui disait Méré, un esprit de finesse bien différent de l'esprit géométrique. Pascal eut bientôt l'un et l'autre, et à un degré aussi éminent. Il fit peut-être alors de petits vers galants, soit à Fontenay-le Comte, pour une dame qui les reçut dans son château, soit à Clermont, pour une demoiselle pleine d'esprit, qu'on appelait la Sapho de l'Auvergne. Peut être enfin ce fut alors aussi qu'il écrivit le *Discours sur les passions de l'amour*.

L'été de 1654. il revint à l'étude et s'occupa de théorèmes sur les nombres. Le chevalier de Méré voulait appliquer le calcul aux jeux de hasard, et determiner en particulier ceci : lorsqu'on interrompt une partie, quelle portion de la mise doit revenir à chacun des joueurs suivant ses chances probables de gain ou de perte. Pascal composa un *Traité du Triangle arithmétique*, qui lui servit, entre autres choses, à résoudre quelque peu le problème de Méré. Un echange de lettres se fit à ce sujet entre lui et Fermat, de juillet à octobre 1654; ils s'annonçaient leurs découvertes, s'encourageaient l'un l'autre, citant même le mot de Bacon : Beaucoup passeront, et la science sera augmentée. Fermat, de vingt à vingt-cinq ans plus âgé que Pascal, le même que Descartes saluait dès 1638 comme le plus savant qu'il eût jamais connu en géométrie, et que Pascal plus tard reconnaissait pour le plus grand géomètre de toute l'Europe, traite le jeune mathématicien avec une singulière déférence. Celui-ci, de son côté, avait le sentiment de la grandeur de son œuvre, en soumettant au calcul des choses seulement probables, et il le déclare dans un écrit latin adressé cette même année à la petite académie de savants que M. de Montmort, après le P. Mersenne, réunissait chez lui à Paris. De même que Descartes, trente ans auparavant, s'était flatté d'assujettir aux lois des mathématiques la physique entière, c'est-à dire toute la nature, Pascal se félicite d'avoir ramené aux règles certaines de la géométrie une matière comme le jeu, où semble régner le hasard avec toutes ses incertitudes.

La première conversion de 1646 n'avait donc nullement détourné Pascal des sciences. Pendant ces huit à neuf années de sa vie, écrits et travaux scientifiques, exercices et petits traités de dévotion, alternent les uns avec les autres, et semblent se concilier sans peine. Pascal pensait-il pouvoir allier ces deux choses, la science et la piété ? Ou plutôt, celle-ci n'avait sans doute pas encore atteint chez lui la perfection, au sens où l'entendaient les jansénistes. Les lettres qu'il écrivit alors sont presque tout entières des discussions théologiques, où l'on sent comme l'effort d'une intelligence qui s'évertue pour convaincre les autres et elle-même. Aussi la piété de Pascal paraît sèche et sans flamme, comme si le cœur n'y avait point tant de part que l'esprit. Or, ce qui importe pour le chrétien véritable, c'est moins la conversion de l'esprit que la conversion du cœur.

§ 3.

SECONDE CONVERSION. — LES « PROVINCIALES ». — LES « PENSÉES ». — LA « ROULETTE ». — MORT DE PASCAL.

Dès la fin de 1653, Pascal ressentit l'inquiétude d'une âme mécontente d'elle-même et qui n'avait pas trouvé son vrai bien. « Il avait, dit-il, un grand dégoût du monde, et un mépris presque insupportable de toutes les personnes qui en sont. » Peut-être l'expérience qu'il venait d'en faire contribuait à lui donner ce mépris, ainsi que la lecture peu réconfortante de Montaigne. Élevé jusque-là dans des sentiments d'honneur, sous les yeux d'un père qui en était un vivant modèle, dès l'enfance il s'était fait de la nature humaine une haute idée que rien ne démentait autour de lui. La mâle poésie de Corneille, la morale austère d'Epictète, et jusqu'aux exemples de charité chrétienne qu'avaient donnés sous ses yeux les jansénistes, tout devait le confirmer d'abord dans son généreux optimisme. Lui qui peut-être ne soupçonnait pas toutes les misères de l'homme, il en eut brusquement la triste révélation, lorsque, laissant là ses travaux scientifiques, il se mit et s'enfonça un peu dans le monde. La société française à cette époque était en pleine Fronde, et se montrait à nu avec tous ses vices, dont les plus grandes âmes n'étaient pas exemptes. Et Pascal lisait en même temps le livre de Montaigne, qui, insistant sur les faiblesses de notre nature, pouvait lui faire croire que le mal est incurable. N'y avait-il pas là vraiment de quoi troubler une conscience droite et honnête? Et que faire au milieu de ce désordre moral? S'y jeter à corps perdu, comme tant d'autres, et ne songer qu'au plaisir? Le caractère de Pascal et ses goûts antérieurs répugnaient à ce parti désespéré, qui ne lui permettait guère de prendre sa santé toujours chancelante. Regarder alors, et se divertir même du spectacle, en épicurien indolent comme Montaigne? Ce n'était pas l'affaire d'un esprit vif et agissant, comme Pascal, et lui qui avait toujours eu une netteté d'esprit admirable pour discerner le faux dans les sciences, la portait aussi dans les choses du monde, dont les conventions et les mensonges devaient l'irriter encore plus. Que faire cependant? Car, s'il avait une aversion extrême pour les folies, auxquelles se complaisent d'ordinaire les hommes, il était, dit-il, « dans un si grand abandonnement du côté de Dieu, qu'il ne sentait aucun attrait de ce côté-là ». Il s'y portait néanmoins de tout son pouvoir; mais « c'était plus sa raison et son propre esprit qui l'excitaient à ce qu'il connaissait de meilleur que non pas le mouvement de celui de Dieu ».

Voilà quel était son état à la fin de septembre 1654. Il s'en ouvrit à sa sœur Jacqueline, qui, depuis qu'elle était religieuse, ne voyait d'autre bonheur qu'une entière retraite pour servir Dieu seul, et rêvait d'y faire participer tous ceux qu'elle aimait. Sa joie en particulier aurait été de convertir ce frère, par qui jadis elle avait été convertie elle même. Aussi fut-elle ravie de ses confidences : la grâce divine, pensait elle, commençait enfin à opérer en lui un miracle intérieur. Du moins, le changement de Pascal s'explique peut être par les raisons morales qu'on vient de voir, jointes aux idées religieuses qu'il avait reçues dès l'enfance, et que l'exemple de ses amis jansénistes, en 1646, celui de sa sœur, en 1652, ainsi que la paix qu'elle goûtait depuis lors, n'avaient pu que fortifier en lui. Est il besoin, avec cela, de recourir à un accident de voiture, comme celui de Neuilly, si mal prouvé d'ailleurs? ou à des hallucinations maladives, comme celle d'un abîme qu'il aurait vu toujours à son côté, et dont néanmoins il n'était pas dupe, au témoignage même de celui qui rapporte ce prétendu fait ? ou enfin à je ne sais quelle vision surnaturelle dans la nuit du 23 novembre 1654, où il prit en effet définitivement parti, comme l'atteste un petit écrit trouvé sur lui après sa mort, mais comme Descartes prit parti sur sa méthode dans une autre nuit d'enthousiasme, et sans qu'il y ait eu sans doute plus de folie chez l'un que chez l'autre? Et cet homme qui, à la fin d'octobre encore, prenait part aux discussions des savants dans leur académie, qui, aux premiers jours de janvier suivant, avait avec M. de Saci ce bel entretien, si religieux et si philosophique tout ensemble, ce même homme aurait eu, dans l'intervalle, un véritable égarement d'esprit, peu compatible, on l'avouera, avec des idées si claires et si distinctes, avec une telle élévation de sentiments !

En janvier 1655, il quitta donc Paris, pour faire une retraite à Port-Royal des Champs, mais sans dire à personne où il allait. On s'en douta bien un peu : les uns dirent qu'il s'était fait moine, d'autres ermite, d'autres enfin qu'il était à Port-Royal. Caché sous un faux nom, M. de Mons, il passa toute l'année dans la méditation des Pères de l'Église. Il prenait part, en outre, aux travaux des messieurs de Port Royal, proposant pour leurs *petites écoles* une nouvelle méthode d'apprendre à lire, dont sa sœur s'informe avec curiosité; assistant à des conférences chez le duc de Luynes, au château de Vaumurier, pour la traduction du Nouveau Testament, qu'avait entreprise M. de Saci. Là sans doute il connut mieux Arnauld, dont les écrits l'avaient déjà frappé en 1646, et qui ne cessait de combattre pour les principes du dogme chrétien et de la morale chrétienne, compromis, croyait-il, par la nouvelle théologie des jésuites. Son caractère droit et franc plut à Pascal, et ce fut même pour défendre son ami qu'il commença en janvier 1656 cette série de *Lettres au Provincial*, qui, non moins que ses découvertes dans les sciences, l'ont rendu célèbre, et de son temps et pour toujours.

Arnauld était menacé d'une condamnation en Sorbonne, pour avoir soutenu sur la grâce des sentiments que répudiait l'orthodoxie catholique. Il avait dit que saint Pierre, lorsqu'il renia le Christ, était un juste à qui la grâce avait manqué. De là sur la *grâce suffisante* et la *grâce efficace*, sur le *pouvoir prochain* et le *pouvoir éloigné* de bien faire, des disputes à l'infini, que l'esprit de secte obscurcissait comme à plaisir. Pascal tourna les choses en plaisanterie, et dans dix-huit lettres, publiées de janvier 1656 à mars 1657, et réunies ensuite sous le nom de Louis de Montalte, il en appela à l'opinion publique, qui se montrait en général favorable à Arnauld. Mais, laissant bientôt les matières épineuses de la grâce, il transporte la lutte sur un autre terrain où tout le monde pouvait le suivre, et attaque hardiment la morale relâchée des jésuites. Il les combat au nom de la simple honnêteté, non moins que de la perfection évangélique, et c'est ce qui lui donne tant de crédit auprès des gens du monde. Nul besoin d'être janséniste, c'est-à dire un chrétien outré, pour réprouver les maximes des nouveaux casuistes: il suffit d'être honnête homme, et les sentiments d'honneur que Pascal devait à son père, et qui se révoltaient en lui à la lecture de certaines pages, le soutinrent dans sa lutte non moins que ses sentiments de religion. Aussi au ton plaisant et léger des premières lettres succèdent bientôt l'ironie, le sarcasme, et à la fin une indignation qui éclate ouvertement et s'élève sans effort à la plus haute éloquence.

Les jésuites prirent la défense de leurs casuistes. Ils voulurent empêcher l'impression des lettres, et les firent aussitôt condamner par l'Inquisition de Rome et même plus tard à Paris par le Conseil d'État, sans parler du parlement d'Aix en Provence. Mais l'auteur avait pour lui, outre le grand public, presque tous les curés de France, en particulier ceux de Rouen, de Paris, de Nevers, d'Amiens, d'Évreux et de Lisieux, qui réclamèrent hautement la condamnation des maximes dénoncées par Pascal, et si préjudiciables en effet à la religion et à la morale. Il se trouva même quelques évêques qui osèrent les censurer. Pascal travailla sans doute à la rédaction de *factums* à ce sujet, qui se succédèrent sans interruption tous les mois, depuis avril 1658 jusqu'en octobre 1659. Certains passages, en effet, ne le cèdent en rien pour la vigueur des pensées et la véhémence du style aux *Provinciales* elles mêmes.

Ces travaux continus (car il devait lire de nombreux extraits d'ouvrages de toutes sortes pour composer ses lettres, et il écrivait celles ci avec un soin extrême, comme la dix-huitième qu'il recommença jusqu'à treize fois,) lui laissaient encore du temps de reste pour répondre, dit sa sœur, à des personnes de grand esprit et de grande condition qui, ayant des pensées de retraite, demandaient ses avis, ou à d'autres qui, étant travaillés de doutes sur les matières de la foi, venaient à lui le consulter.

Au plus fort de sa lutte contre les Jésuites, dans les derniers mois de 1656, il écrivait, entre deux *Provinciales*, des lettres à Mlle de Roannez, la sœur de son ami, pour soutenir ses résolutions chancelantes et l'amener à se donner à Dieu. Même insistance pieuse auprès du duc de Roannez, qu'il détourne au moins du mariage, et décide à passer le reste de sa vie dans la dévotion. Son ami Domat, avocat au présidial de Clermont, le suivit également dans cette voie de piété étroite, et, quoique retenu dans le monde par sa charge et aussi sa nombreuse famille, il y donna l'exemple d'une vie parfaitement chrétienne, tout en travaillant à son *Traité des lois civiles dans leur ordre naturel*, qui fit tant d'honneur à la jurisprudence française. Enfin Pascal s'intéressait à l'éducation du fils du duc de Luynes, et lui adressa même des instructions que Nicole a conservées sous le titre de *Discours sur la condition des grands*.

Mais cette tâche de directeur de conscience ne suffisait pas à son activité. Il méditait en outre une apologie de la religion chrétienne. Nous n'en avons aujourd'hui que des fragments, à peine une ébauche, publiée apres sa mort, en 1669-70, sous le titre de *Pensées*. Les unes, en assez grand nombre, qui se rapportent aux miracles, semblent avoir été conçues dès 1656, lorsqu'après la cinquième *Provinciale* une guérison extraordinaire survint, dans l'église même de Port-Royal, à la propre nièce de Pascal, la petite Marguerite Périer. Elle avait à l'œil une fistule lacrymale, qui guérit après l'attouchement d'une sainte épine. La joie de Pascal fut grande, « de sorte que, dit sa sœur, en ayant l'esprit tout occupé, Dieu lui inspira une infinité de pensées admirables sur les miracles qui, lui donnant de nouvelles lumières sur la religion, lui redoublèrent l'amour et le respect qu'il avait toujours eus pour elle ».

Ce fondement mystique du christianisme n'aurait pas suffi néanmoins aux yeux des incrédules et des athées. On ne peut l'admettre que lorsque l'esprit et surtout le cœur sont à demi gagnés. Aussi Pascal voulait-il les amener insensiblement à cela par des raisons d'ordre philosophique, qu'il imagina lui-même, après la lecture d'Épictète et de Montaigne. L'un montre bien toute la grandeur de l'homme; l'autre, toute sa misère et sa faiblesse. Et la nature humaine est telle, en effet : assemblage contradictoire des choses les plus incompatibles, un monstre et une énigme. Comment l'expliquer, sinon par le dogme du péché originel, qui suppose antérieurement, dans le père de notre race, un état de perfection et de bonheur, dont tous ses descendants, entraînés avec lui dans une chute commune, conservent néanmoins de précieux restes? « Sans ce mystère, dit Pascal, le plus incompréhensible de tous, nous sommes incompréhensibles à nous mêmes. » Et encore : « L'homme est plus inconcevable sans ce mystère, que ce mystère n'est inconcevable à l'homme. »

Mais, après le dogme qui épouvante, vient celui qui rassure et console. Le Christ, par son incarnation, est venu réparer tout le mal. Pascal s'attache à ce second mystère, aussi doux et aimable que l'autre était terrible. Il y puisa cette belle pensée sur la religion, qu'il définit « Dieu sensible au cœur ». Aussi ses exhortations pieuses ont-elles un accent qu'on n'y trouvait pas jusque-là : son zèle part d'un vrai mouvement de charité. Non content d'écrire, il faisait des conférences à Port-Royal, il y prêchait devant un auditoire venu là sans doute pour s'édifier ou se convertir. « Sachez, avoue-t-il lui-même à la fin d'une longue et pressante exhortation, que ce discours est fait par un homme qui s'est mis à genoux auparavant et après pour prier Dieu pour votre bien. »

Celui qui parlait ainsi était en même temps un géomètre du

plus grand esprit. Il était bon de le rappeler aux athées qu'il voulait convaincre, et c'est pourquoi, sur le conseil du duc de Roannez, il reprit un moment ses études de géométrie. Ce fut à propos de la *roulette*, ou *cycloïde*, c'est-à-dire de la ligne décrite en l'air par un point pris sur une roue qui tourne, depuis le moment où ce point quitte le sol jusqu'à celui où il y revient : il s'agissait d'en calculer la longueur, l'espace qu'elle renferme, le solide que cet espace engendre, les centres de gravité, etc. Une partie du problème avait été résolue dès 1634 par Roberval; puis, en 1638, par Fermat, Descartes et le père de Pascal lui-même. Roberval s'en occupa de nouveau en 1644, et Pascal y travailla à son tour au printemps de 1658. Il en fit un ouvrage qui parut au commencement de 1659, sous le nom d'Amos Dettonville. La méthode des indivisibles, c'est-à-dire des infiniment petits auxquels on réduit, en la décomposant, une figure d'étendue finie, une courbe, par exemple, à un polygone d'un nombre infini de côtés, était appliquée avec des perfectionnements nouveaux; et si l'on songe que quinze ans plus tard, ce fut à Paris que Leibniz devint géomètre, surtout par la lecture de ce petit livre, peut-être fut-il redevable à Pascal, non moins qu'à Newton, de ses premières pensées sur le calcul intégral.

Avant de rien publier, Pascal avait proposé un prix à celui qui aurait résolu le problème pour le 1er octobre 1658. Plusieurs mathématiciens envoyèrent leurs essais. L'examen eut lieu en novembre. Entraîné sans doute par son ancienne passion pour les sciences, Pascal s'y laissa de nouveau aller, et poussa ses recherches plus loin peut être qu'il n'avait songé d'abord. De là une correspondance scientifique avec Huyghens, savant de Hollande, avec le chanoine Sluze, de la cathédrale de Liège. En juillet 1659, celui-ci lui envoya même un de ses livres à examiner, et au mois d'août, Fermat, heureux du retour de son émule à leurs communes études, le pria d'être l'éditeur de ses ouvrages, en le laissant, avec le mathématicien Carcavi, tout à fait libre de développer et de corriger ses solutions.

Mais Pascal avait d'autres pensées, et en outre sa santé de plus en plus mauvaise devait le rendre bientôt incapable de tout travail. Un an après environ, le 10 août 1660, il écrivait au même Fermat « qu'il était désormais dans des études bien éloignees de cet esprit là »; qu'au surplus « la géométrie était bonne pour faire l'essai, mais non l'emploi de notre force ». Si lui-même y était revenu un moment, c'était par un motif de piété qui justifiait sans doute à ses yeux une occupation d'ailleurs inutile pour le salut. Il ajoute, dans cette même lettre, que c'est à peine s'il peut encore écrire ou lire lui-même.

Il ne se relâchait pas cependant pour cela de la pratique des vertus chrétiennes, entendues au sens le plus rigoureux, au point d'étonner même Mme Périer. Elle se plaint doucement qu'il ne lui témoignait pas assez de reconnaissance pour les soins qu'elle lui rendait dans les derniers temps de sa maladie, et en outre qu'il supporta la mort de son autre sœur avec une indifférence voisine de l'insensibilité. Toutefois, s'agissait-il d'obliger les siens, et de rendre service, Pascal était toujours prêt : il prit chez lui son neveu Etienne Périer, lorsque les petites écoles de Port-Royal furent fermées ; auparavant, il s'était déjà chargé d'un enfant, Blaise Périer, à qui son père et sa mère n'avaient même pu apprendre à lire. Peu ménager de son temps et de sa peine, il n'épargnait pas davantage son bien. On cite de lui certain trait de charité faite dans des circonstances délicates, avec une parfaite discrétion. Pour donner, il empruntait et s'endettait. Il alla, l'hiver de 1662, jusqu'à entreprendre, avec le duc de Roannez et quelques autres, une affaire de carrosses à cinq sols, qui devaient parcourir certaines rues de Paris, et, dans son testament, il leguait sa part des bénéfices à l'hôpital de Paris, à celui de Clermont, et un quart seulement à sa famille.

Il l'aimait cependant avec tendresse, et si Mme Périer, tout entière à sa douleur, lorsque mourut Jacqueline, fut un peu choquée de voir si peu paraître au dehors l'affliction de son frère, il n'en souffrait pas moins peut-être intérieurement. C'est ainsi qu'en jugèrent des amis qui le connaissaient bien : Nicole, par exemple, dans une lettre de condoleance, priait Mme Périer « de consoler son frère, à qui la nature aura fait sentir ce coup, malgré qu'il en ait ».

Jacqueline Pascal était morte le 4 octobre 1661, à l'âge de trente-six ans. La persécution redoublait contre Port-Royal : on avait même forcé les religieuses à signer, comme étant de Jansénius, la condamnation de cinq propositions qui, croyaient-elles, n'en étaient pas. Sur l'ordre du pape et du roi, le clergé de France avait signé. Jacqueline résista quelque temps : « Puisque les évêques, écrivit elle, ont des courages de filles, les filles doivent avoir des courages d'évêques. » Elle céda néanmoins; mais elle fut prise de tels remords, que peu de semaines après, elle en mourait. Son frere avait aussi conseillé la résistance; et, plutôt que de recourir aux équivoques, aux restrictions mentales, qu'il avait tant bafouées chez les Jésuites, il aurait rompu même avec Rome. Ce fut le sujet d'une dernière discussion très vive, qu'il eut avec Arnauld et Nicole, partisans de la soumission et de la douceur. Pascal n'en resta pas moins leur ami, assisté par eux aux derniers moments de sa maladie, mais déclarant à son lit de mort qu'il ne se repentait de rien, et que s'il avait à refaire les *Provinciales*, il les ferait encore plus fortes.

Il mourut le 19 août 1662, à trente-neuf ans et deux mois, et fut enterré dans l'église de Saint-Étienne du Mont, où l'on peut voir encore sa pierre tombale et l'inscription que M. Périer y fit graver en latin. Celle-ci rappelle surtout sa profonde humilité. Mais on peut dire en outre que peu de vies ont été mieux remplies que la sienne. Elle a cet avantage unique de marquer un moment décisif dans les sciences comme dans la littérature, et même aussi dans l'apologétique chrétienne. En mathématiques et en physique, il apporte des méthodes nouvelles et des découvertes qui en attestent immédiatement la puissance. D'autre part, Voltaire rapporte aux *Provinciales* l'époque de la fixation de notre langue. Et dans cet ouvrage, Pascal rétablit pour la morale des règles plus sûres que celles des casuistes, et prend la défense de l'honnêteté pure et simple, que, sous un faux air de dévotion, ils menaçaient de ruiner, non moins que la piété véritable. Enfin, pour le dogme, renonçant à l'accord, si souvent tenté même après lui, entre la foi et la raison, il sépare les deux domaines, et, au-dessus de la science, avec ses démonstrations et ses preuves, il revendique les droits de la croyance, qui est, selon lui, le libre don du cœur.

OPUSCULE I

PRÉFACE

SUR LE

TRAITÉ DU VIDE

(DE L'AUTORITÉ EN MATIÈRE DE PHILOSOPHIE)

OPUSCULES PHILOSOPHIQUES

DE

PASCAL

OPUSCULE I

PRÉFACE SUR LE TRAITÉ DU VIDE

INTRODUCTION

§ 1. CONJECTURE SUR LA DATE.

Dans son édition des *Œuvres complètes* de Pascal (1779), l'abbé Bossut publia, pour la première fois, un long fragment qu'il intitulait : *De l'autorité en matière de philosophie*, c'est-à-dire, suivant la signification que ce mot avait encore au dix-huitième siècle, en matière de *science*. M. Faugère, dans son édition des *Pensées* (1844), restitua, d'après une copie manuscrite, le texte exact et le véritable titre de ce morceau : *Préface sur le Traité du vide*. Ce titre fournit en même temps une indication pour découvrir la date à laquelle ce fragment fut écrit.

Pascal fit ses premières expériences sur le vide, à Rouen, en octobre 1646, jusqu'au mois de janvier suivant. Un an après, en octobre 1647, il publia un petit ouvrage qui commençait ainsi : « Mon cher lecteur, quelques considérations m'empêchant de donner à présent un *Traité entier, où j'ai rapporté quantité d'expériences nouvelles que j'ai faites touchant le vide, et les conséquences que j'en ai tirées,* j'ai voulu faire un récit des principales dans cet *abrégé* où vous verrez par avance le dessein de tout l'ouvrage... »

L'année suivante parut le « *Recit de la grande expérience de l'équilibre des liqueurs, projetée par le sieur B. Pascal, pour l'accomplissement du Traité qu'il a promis dans son Abrégé touchant le vide, et faite par le sieur F. Périer.* » C'était la fameuse expérience du Puy-de-Dôme, qui se fit le 19 septembre 1648.

Le 12 juillet 1651, dans une lettre à M. de Ribeyre, Pascal écrit : « Les conséquences (de cette expérience) sont très belles et très utiles... Vous les verrez bientôt, Dieu aidant, *dans un traité que j'achève, et que j'ai déjà communiqué à plusieurs de nos amis,* où l'on connaîtra quelle est la véritable cause de tous les effets que l'on a attribués à l'horreur du vide. »

Enfin, en 1654, énumérant ses ouvrages dans un petit écrit latin qu'il adresse à la très célèbre Académie de mathématique de Paris, Pascal ajoute : « *De vacuo quoque subticeo, quippe brevi typis mandandum...* »

La conversion de Pascal survint là dessus, et l'ouvrage dont il parle ici ne fut point imprimé de son vivant. Mais, après sa mort, parurent en 1663 deux petits *Traités de l'équilibre des liqueurs, et de la pesanteur de la masse de l'air.* « Ils étaient tout prêts à imprimer, depuis plus de douze ans, » lit-on dans la Préface.

C'est donc bien le même travail dont Pascal préparait la publication en 1654, et celui qu'il annonçait en 1651, comme déjà presque achevé. Mais l'idée en remontait jusqu'à l'année 1647 ; le 15 novembre, Pascal écrivait à M. Périer, en lui envoyant ses instructions pour l'expérience à faire sur le Puy-de-Dôme : « J'ai peine à croire que la nature, qui n'est point animée, ni sensible, soit susceptible d'horreur,... et j'incline bien plus à imputer tous ces effets à la pesanteur et pression de l'air, parce que je ne les considère que comme des cas particuliers d'une proposition universelle de l'*équilibre des liqueurs,* qui doit faire la plus grande partie du traité que j'ai promis. » Un nouveau titre, celui sous lequel parut un des deux opuscules de 1663, était donc ajouté, sinon substitué dans la pensée de Pascal, dès novembre 1647, au titre primitif : *Traité du vide.*

Et Pascal fit même disparaître plus tard ce qu'il avait déjà écrit de cet ouvrage ; car M. Périer déclare, lorsqu'il réimprima le récit de l'expérience du Puy-de Dôme, que « ce grand Traité (du vide) s'est perdu, et qu'on en a seulement trouvé quelques fragments ». La *preface* qui nous occupe aurait été celle de ce premier traité.

A ces indications, fournies par les titres des manuscrits et des opuscules publiés, s'en ajoutent d'autres, empruntées à l'histoire même des expériences de Pascal. Elles furent de deux sortes : les unes, à Rouen, pour établir qu'il y a du vide, et que la nature le souffre donc, quoi qu'en aient dit les anciens ; et les autres, au Puy-de Dôme et à la tour Saint-Jacques, pour montrer que la cause qui maintient le mercure ainsi suspendu dans le tuyau vide est la pesanteur et la pression de l'air au dehors. Ces dernières sont de septembre et octobre 1648 ; les précédentes, des derniers mois de 1646. Or, dans la *Préface sur le Traité du vide*, Pascal ne dit mot de la pesanteur ni de la pression de l'air, mais parle des *nouvelles expériences*, ce qui est justement le titre sous lequel il publia en octobre 1647 son petit *abrége*, pour faire connaître celles de Rouen. Plus tard, au contraire, dans les deux petits traités que nous avons, il aimera mieux tirer les conséquences si importantes de sa découverte de 1648, pour la théorie de l'équilibre des liqueurs, que de s'évertuer encore à combattre une vieille erreur comme celle de l'horreur du vide. C'est pourquoi la *Préface sur le Traité du vide* semble bien être antérieure à ces nouveaux ouvrages, et peut être même à la première idée qu'eut Pascal de l'expérience du Puy-de Dôme. Elle aurait donc été écrite dans le courant de 1647.

A ces preuves surtout intrinsèques s'en ajoute une autre, tirée du dehors. Un de ceux devant qui Pascal avait fait ses nouvelles expériences, Pierre Guiffart, doyen du collège de Rouen, résolut de les défendre contre les interprétations péripatéticiennes qu'en avait données un professeur au même collège, le sieur Piérius. Il écrivit donc à ce sujet un *Discours du vide*, où l'on retrouve, avec l'éloquence en moins, des idées fort semblables à celles que Pascal développe dans la *Préface* de son Traité. C'était peut-être le fruit de conversations qu'ils avaient eues ensemble à Rouen, et on ne doit pas s'étonner que quelques bons esprits se soient trouvés d'accord sur les conditions du progrès dans les sciences. Pierre Guiffart ménage d'abord les anciens, ou plutôt leurs partisans. Il déclare que « leurs autorités doivent être les oracles qui terminent nos doutes, et les arrêts souverains qui décident nos différends »; mais seulement, a-t-il soin de dire, « lorsque le fil de notre raison se trouve trop court pour nous conduire dans le labyrinthe des difficultés ». Il recommande donc d'examiner curieusement les choses, et avec un esprit désintéressé; « après quoi, dit-il, ni le respect de l'antiquité, ni l'aversion de la nouveauté, ne doivent aucunement empêcher de prononcer ». Puis il oppose la constance et l'uniformité du monde physique aux changements qui arrivent dans tout ce qui relève de l'homme. « La nature, dit-il, est toujours semblable à soi.... Ses causes agissent sans cesse d'une même manière, et produisent toujours de semblables effets. C'est pourquoi si quelques-uns d'entre eux nous paraissent nouveaux, ils ne le sont néanmoins qu'à l'égard de la connaissance que nous en avons, et non pas à l'égard de la nature.... Mais il n'en est pas ainsi de l'art : il s'augmente ou se perd, selon que l'industrie des hommes s'accroît ou se relâche. » Il parle même de certaines connaissances qui ont été perdues, puis retrouvées après de longs siècles, et les compare « au fleuve Alphée qui, se perdant en Achaïe, après avoir coulé bien loin sous la mer, renaît finalement en Sicile, près la fontaine Aréthuse ». Et Pierre Guiffart avait choisi pour épigraphe ces paroles de Sénèque : *Patet omnibus veritas, nondum est occupata, multum etiam ex illa futuris relictum est.* (Epist. 33, l. I.) De plus, en homme de progrès, il défendit encore plus tard les découvertes de Pecquet sur le chyle et les veines lactées, et il disait dès lors des expériences de Pascal : « Ceux qui sont philosophes ne les peuvent voir sans admiration, et ceux qui ne le sont pas le deviennent en les considérant. » Or, son *Discours du vide* porte la date du 19 août 1647, pour l'achevé d'imprimer. Ne serait-il pas permis de penser que Pascal, qui avait dû connaître Pierre Guiffart à Rouen, écrivait sa *Préface*, où il exprime les mêmes idées, à peu près au même moment?

Quant aux considérations sur la théologie que Pascal joint dans cette *Préface* à ses vues sur la science, elles n'ont rien qui ne s'accorde avec les sentiments que, dès l'enfance, lui avait inspirés son père : « *ce qui est l'objet de la foi ne le saurait être de la raison, et beaucoup moins y être soumis*, etc. ». Enfin l'horreur que Pascal manifeste contre la malice de ceux qui osent néanmoins apporter en théologie des raisonnements nouveaux, rappelle, en même temps qu'elle fait comprendre le zèle excessif avec lequel il avait poursuivi le sieur de Saint-Ange, capucin, à Rouen, de février à mai 1647.

§ 2. DU PROGRÈS DANS LES SCIENCES.

Pascal pensait donc, à ce moment de sa vie, pouvoir allier la religion et la science. L'idée qu'il se fait de celle ci est d'un physicien plutôt que d'un géomètre, et on en trouverait la source dans les ouvrages de Bacon et de Galilée, bien plus que dans ceux de Descartes, si on voulait chercher ailleurs qu'en Pascal lui-même. Il parle d'une certitude *expérimentale* ou *de fait*, comme dira plus tard Leibniz, non moins que d'une certitude *de raison*. En même temps, il célèbre avec enthousiasme le progrès des sciences, et s'indigne qu'une soumission servile à l'autorité des anciens vienne le retarder ou l'entraver. En cela il donne la main et à Bacon et à Descartes, qui ne doutent ni l'un ni l'autre de la puissance presque sans limites que les découvertes scientifiques donneraient à l'homme sur la nature. Descartes n'allait-il pas jusqu'à assurer que par la science « on se pourrait exempter d'une infinité de maux, tant du corps que de l'esprit, et même aussi peut être de l'affaiblissement de la vieillesse » ?

Le spectacle des inventions nouvelles qui s'étaient succédé depuis deux cents ans, ne laissait personne insensible, et M. de Saci, le pieux directeur de Port-Royal, peu favorable cependant aux sciences profanes et à leurs frivolités, avouait lui même que « l'Église, depuis sa naissance, n'avait guère eu de siècle qui fût plus éclairé que celui-ci, et que, s'il eût eu à choisir un siècle pour y naître, il n'en aurait point voulu choisir d'autre ». A plus forte raison, des esprits philosophiques aussi bien que religieux, comme Arnauld et Nicole, dans la *Logique* de Port-Royal, attendaient beaucoup du progrès des connaissances pour mettre fin à tant de préjugés et « délivrer peu à peu le monde de toutes ces servitudes ». Malebranche reprend les mêmes idées et les développe, au risque de s'attirer le reproche, peu mérité sans doute, de « copiste de Pascal ». Enfin Bossuet, dans son *Traité de la connaissance de Dieu et de soi-même*, disait magnifiquement : « Après six mille ans d'observations, l'esprit humain n'est pas épuisé; il cherche et il trouve encore, afin qu'il connaisse qu'il peut trouver jusqu'à l'infini, et que la seule paresse peut donner des bornes à ses connaissances et à ses inventions. »

Pascal cependant n'a pas pour l'antiquité le mépris exagéré de Descartes, Malebranche et leurs disciples. Il la respecte même, et, au lieu de rejeter, comme matière vile, tout le trésor de connaissances qu'elle nous a légué, il ne veut que l'enrichir par de nouvelles découvertes.

Et ce n'était pas là seulement des dispositions conciliantes qu'il affectait pour gagner les partisans des anciens; car, dans la lettre où il envoie à M. Périer ses instructions pour l'expérience du Puy-de-Dôme, le 15 novembre 1647, il avoue qu'il n'a pas encore renoncé à l'horreur du vide. « Je n'estime pas, dit-il, qu'il nous soit permis de nous départir légèrement des maximes que nous tenons de l'antiquité, » et il parle « de la circonspection qu'il apporte avant de s'en éloigner ». Peut-être, en effet, les changements lents, et toujours en vue du vrai ou du bien, font-ils plus pour le progrès qu'une brusque et complète révolution.

Mais Pascal se reprocherait sa faiblesse, s'il se faisait encore scrupule de quitter les opinions reçues, lorsque, dit-il, la force de la vérité l'y contraint. Et surtout il s'élève contre ceux qui prétendent opposer à des expériences certaines l'autorité d'un vieux texte. N'est-il pas *injuste*, en effet, de pervertir l'ordre des sciences, comme font ceux qui se mêlent de raisonner en théologie et croient aveuglément en physique; *injuste* de traiter les anciens avec plus de déférence qu'ils n'en avaient eux-mêmes pour leurs devanciers, car ils les abandonnaient et inventaient des choses nouvelles; *injuste* enfin de retenir captive la raison de l'homme, qui aspire à accroître sans cesse ses connaissances, et de la mettre ainsi en parallèle avec l'instinct toujours égal des animaux? C'est contre toutes ces *injustices* que proteste Pascal, et il en appelle à l'équité non moins qu'au bon sens de ses contemporains, à leur conscience non moins qu'à leur raison.

Mais il n'a pas, ce semble, l'ambition qu'auront plus tard les futurs partisans du progrès. Il croit à l'avancement des sciences et sans doute aussi à toutes les commodités qu'elles apporteront de plus en plus à la vie des hommes. Croit-il de même au perfectionnement moral de l'humanité? Il n'en dit mot, du moins. Après lui, Malebranche, si plein de confiance également dans le progrès scientifique, s'imagine plutôt que, depuis le péché du premier homme, l'hérédité, à chaque génération nouvelle, ajouterait quelque chose à la dépravation humaine, « si la grâce divine, dit-il, ne s'opposait sans cesse à ce torrent ». En morale, ce semble, Pascal, et avec lui beaucoup d'esprits au dix-septième siècle, pensait ce qu'il écrit, en faisant un peu tort cette fois à la science : « La nature de l'homme n'est pas d'aller toujours, elle a ses allées et venues. La fièvre a ses frissons et ses ardeurs, et le froid montre aussi bien la grandeur de l'ardeur de la fièvre que le chaud même. Les inventions des hommes de siècle en siècle vont de même. *La bonté et la malice du monde en général en est de même.* » (Art. XXIV, 89, *Pensées.*)

PRÉFACE

SUR LE TRAITÉ DU VIDE

Le respect que l'on porte à l'antiquité est aujourd'hui à tel point, dans les matières où il doit avoir moins de force, que l'on se fait des oracles de toutes ses pensées et des mystères même de ses obscurités; que l'on ne peut plus avancer de nouveautés sans péril, et que le texte d'un auteur suffit pour détruire les plus fortes raisons ..

Ce n'est pas que mon intention soit de corriger un vice par un autre, et de ne faire nulle estime des anciens parce que l'on en fait trop. Je ne prétends pas bannir leur autorité pour relever le raisonnement tout seul, quoique l'on veuille établir leur autorité seule au préjudice du raisonnement[1]...

Pour faire cette importante distinction avec attention, il faut considérer que les unes dépendent seulement de la mémoire et sont purement historiques, n'ayant pour objet que de savoir ce que les auteurs ont écrit; les autres dépendent seulement du raisonnement et sont entièrement dogmatiques, ayant pour objet de chercher et découvrir les vérités cachées[2].

1. Lacune de deux lignes. Pascal annonçait sans doute une distinction entre deux espèces de sciences.

2. Bacon, dans sa classification des sciences, rapportait déjà les sciences historiques uniquement à

Celles de la première sorte sont bornées d'autant que les livres dans lesquels elles sont contenues[1]...

C'est suivant cette distinction qu'il faut régler différemment l'étendue de ce respect. Le respect que l'on doit avoir pour...

Dans les matières où l'on recherche seulement de savoir ce que les auteurs ont écrit, comme dans l'histoire, dans la géographie, dans la jurisprudence, dans les langues..., et surtout dans la théologie, et enfin dans toutes celles qui ont pour principe, ou le fait simple, ou l'institution divine ou humaine, il faut nécessairement recourir à leurs livres, puisque tout ce que l'on en peut savoir y est contenu : d'où il est évident que l'on peut en avoir la connaissance entière, et qu'il n'est pas possible d'y rien ajouter[2].

---

la mémoire. Quant à Descartes, il méprisait toutes les connaissances d'un caractère historique, et leur refusait le nom de science, qu'il réservait aux mathématiques et à tout ce qui participe d'elles. Pascal ici ne va pas aussi loin.

1. La science purement livresque est-elle aussi bornée que le dit Pascal ? Sans parler de l'interprétation littéraire, qui varie d'un critique à l'autre, si l'on ne veut tenir compte que des connaissances à tirer des livres anciens, le long travail de dépouillement, entrepris dès la Renaissance, peut durer des siècles encore « *Quand les Latins, les Grecs, les Hébreux et les Arabes seront épuisés un jour*, dira Leibniz, *les Chinois, pourvus encore d'anciens livres, se mettront sur les rangs, et fourniront de la matière à la curiosité de nos critiques ; sans parler de quelques livres des Persans, des Arméniens, des Coptes et des Bramines, qu'on déterrera avec le temps, pour ne négliger aucune lumière que l'antiquité pourrait donner par la tradition des doctrines, et par l'histoire des faits.* » (L. III, c. ix, 9, *Nouveaux Essais*.)

2. Les sciences qui ont pour principe *le fait simple* sont l'histoire et la géographie ; l'*institution humaine* est le principe de la jurisprudence, et l'*institution divine*, de la théologie — L'histoire n'avait pas encore eu Bossuet ni Montesquieu, qui en firent une science de raisonnement non moins que de faits — La jurisprudence attendait la réforme de Domat, dont le livre sur *les lois civiles dans leur ordre naturel* ne devait paraître qu'en 1691. Il n'y a pas moins de différence entre le *Digeste* ou le *Code* et

S'il s'agit de savoir qui fut premier roi des Français, en quel lieu les géographes placent le premier méridien, quels mots sont usités dans une langue morte, et toutes les choses de cette nature, quels autres moyens que les livres pourraient nous y conduire? Et qui pourra rien ajouter de nouveau à ce qu'ils nous en apprennent, puisqu'on ne veut savoir que ce qu'ils contiennent? C'est l'autorité seule qui nous en peut éclaircir. Mais où cette autorité a la principale force, c'est dans la théologie, parce qu'elle y est inséparable de la vérité, et que nous ne la connaissons que par elle : de sorte que, pour donner la certitude entière des matières les plus incompréhensibles à la raison, il suffit de les faire voir dans les livres sacrés; comme, pour montrer l'incertitude des choses les plus vraisemblables, il faut seulement faire voir qu'elles n'y sont pas comprises; parce que ses principes sont au-dessus de la nature et de la raison, et que, l'esprit de l'homme étant trop faible pour y arriver par ses propres

son nouvel ouvrage, dit-il, « *qu'entre la vue d'un tas confus de matériaux destinés pour un édifice, et la vue de l'édifice élevé dans sa symétrie* » — Quant à la théologie, le pur esprit de Port-Royal était de s'en tenir à l'Écriture et aux Pères, c'est-à dire à la tradition. Saint Cyran avait dit de saint Bernard : « *Ce qui est admirable en lui, est que la science lui ayant été donnée comme par infusion, il n'a voulu néanmoins rien écrire ni rien dire qu'il ne l'eût trouvé dans la tradition* » Puis, parlant de saint Thomas : « *Nul saint n'a tant raisonné sur les choses de Dieu; il était dans un siècle où l'on donnait beaucoup à la philosophie, et où l'on commençait à s'attacher au raisonnement humain.* » La critique devient plus vive à l'égard des successeurs : « *On commençait à raisonner et à traiter la théologie par méthode. Ils ne lisaient pas beaucoup les anciens*, continue-t-il, *quoique ceux qui les ont suivis les aient lus encore moins....* » Cependant, « *il faut toujours aller à notre source* ». Pascal condamne toute tentative de renouveler par l'interprétation les dogmes, qui sont fixes et arrêtés pour toujours. Il n'a pas l'idée d'un développement possible, d'un progrès du christianisme, comme doctrine. En théologie, toute invention, il le dira plus loin, est infailliblement une erreur.

efforts, il ne peut parvenir à ces hautes intelligences, s'il n'y est porté par une force toute-puissante et surnaturelle[1]...

Il n'en est pas de même des sujets qui tombent sous le sens ou sous le raisonnement : l'autorité y est inutile, la raison seule a lieu d'en connaître[2]. Elles ont leurs droits séparés : l'une avait tantôt tout l'avantage ; ici l'autre règne à son tour. Mais comme les sujets de cette sorte sont proportionnés à la portée de l'esprit, il trouve une liberté tout entière de s'y étendre : sa fécondité inépuisable produit continuellement, et ses inventions peuvent être tout ensemble sans fin et sans interruption...[3].

1. Cette idée, que tout ce qui est l'objet de la foi est incompréhensible à la raison, Pascal la tenait de son père. Les lectures jansénistes la confirmèrent seulement en lui, et avec elle l'idée de la grâce, cette assistance surnaturelle, qui est nécessaire pour croire. — Descartes pensait de même : « *Ayant appris*, dit-il, *que les vérités révélées sont au-dessus de notre intelligence, je n'eusse osé les soumettre à la faiblesse de mes raisonnements, et je pensais que pour entreprendre de les examiner et y réussir, il était besoin d'avoir quelque extraordinaire assistance du ciel, et d'être plus qu'un homme.* » (1re partie, *Disc. de la Méth.*) — *Intelligences*, au pluriel, pour « objet de l'intelligence » ; connaissance s'emploie de même, et plus fréquemment au singulier et au pluriel.

2. Pascal distingue *les sens* et *le raisonnement*. La même distinction se trouvait dans sa lettre au P. Noel, du 29 octobre 1647. Il voulait que « *ce que l'on affirme ou nie.... paraisse si clairement et si distinctement de soi-même au sens ou à la raison, suivant qu'il est sujet à l'un ou à l'autre, que l'esprit n'ait aucun moyen de douter de sa certitude* ». Descartes ne se fiait qu'à l'évidence de notre raison, et point à celle de nos sens. Mais à la certitude de raison, qu'on ne trouve que dans les mathématiques, Pascal ajoute une certitude expérimentale ou de fait, comme en physique.

3. Dans ce domaine de la science, Pascal revendique la *liberté entière* de l'esprit, et affirme son *inépuisable fécondité*. L'homme est donc capable ici d'un progrès *sans fin*, parce que, d'autre part, « notre imagination se lassera plutôt de concevoir que la nature de fournir ». Mais Pascal parle aussi dans ce passage d'un progrès *sans interruption*, comme s'il en admettait la continuité.

C'est ainsi que la géométrie, l'arithmétique, la musique, la physique, la médecine, l'architecture, et toutes les sciences qui sont soumises à l'expérience et au raisonnement, doivent être augmentées pour devenir parfaites[1]. Les anciens les ont trouvées seulement ébauchées par ceux qui les ont précédés ; et nous les laisserons à ceux qui viendront après nous en un état plus accompli que nous ne les avons reçues. Comme leur perfection dépend du temps et de la peine, il est évident qu'encore que notre peine et notre temps[2] nous eussent moins acquis que leurs travaux séparés des nôtres, tous deux néanmoins joints ensemble doivent avoir plus d'effet que chacun en particulier[3].

L'éclaircissement de cette différence doit nous faire plaindre l'aveuglement de ceux qui apportent la seule autorité pour preuve dans les matières physiques, au lieu du raisonnement ou des expériences ; et nous donner de l'horreur pour la malice des autres, qui emploient le raisonnement seul dans la théologie, au lieu de l'autorité de l'Écriture et des Pères. Il faut relever le cou-

1. La musique et l'architecture sont certainement des sciences, non moins que des arts, et celles qui relèvent le plus des mathématiques. Rappelons qu'à douze ans Pascal avait composé un petit traité sur les sons, et que le P. Mersenne, avec qui il fut en relations, était peut-être en ce temps là l'homme du monde le plus savant en acoustique, ou, comme on disait alors, en musique.

2. Au *temps* Pascal a soin d'ajouter *notre peine*. Il complète ainsi Bacon, qui avait dit avant lui : *Veritas filia temporis, non auctoritatis.*

3. On lit dans les *Questions inouïes ou récréations des savants*, par le P. Mersenne (Paris, 1634) : « *Un homme peut-il apprendre la philosophie tout seul par sa seule ratiocination, sans la lecture des livres, ou la conférence des savants hommes ?* » Et la réponse : « *Comment peut-il observer la multitude, les distances et les mouvements de tous les astres avec la même diligence que Tycho et Kepler ? Comment peut-il trouver tout seul toutes les propositions d'Euclide, d'Archimède, de Théodose et d'Apollonius ?...* » (P. 134-137.)

rage de ces gens timides qui n'osent rien inventer en physique, et confondre l'insolence de ces téméraires qui produisent des nouveautés en théologie. Cependant le malheur du siècle est tel, qu'on voit beaucoup d'opinions nouvelles en théologie, inconnues à toute l'antiquité, soutenues avec obstination et reçues avec applaudissement; au lieu que celles qu'on produit dans la physique, quoique en petit nombre, semblent devoir être convaincues de fausseté dès qu'elles choquent tant soit peu les opinions reçues : comme si le respect qu'on a pour les anciens philosophes était de devoir, et que celui que l'on porte aux plus anciens des Pères était seulement de bienséance[1] ! Je laisse aux personnes judicieuses à remarquer l'importance de cet abus qui pervertit l'ordre des sciences avec tant d'injustice, et je crois qu'il y en aura peu qui ne souhaitent que cette... s'applique à d'autres matières, puisque les inventions nouvelles sont infailliblement des erreurs dans les matières que l'on profane impunément; et qu'elles sont absolument nécessaires pour la perfection de tant d'autres sujets incomparablement plus bas, que toutefois on n'oserait toucher.

Partageons avec plus de justice notre crédulité et notre défiance, et bornons ce respect que nous avons pour les anciens. Comme la raison le fait naître, elle

1. Remarquez à la fois le zèle scientifique et le zèle religieux de Pascal. C'est ce dernier qui lui inspire ces fortes paroles : *confondre l'insolence de ces téméraires*. *avoir de l'horreur pour leur malice*. On comprend l'ardeur que Pascal avait mise, l'hiver de 1647, à poursuivre les nouveautés théologiques du capucin Saint-Ange. D'autre part, c'est par zèle scientifique qu'il voudrait *relever le courage de ces timides*, ou plutôt de ces *aveugles* qui ne voient pas que les inventions sont nécessaires au perfectionnement des sciences. Il ne méprise pas pour cela l'antiquité; mais il lui porte un respect raisonnable (*comme la raison le fait naître, elle doit aussi le mesurer*), un respect de *bienséance*.

doit aussi le mesurer; et considérons que, s'ils fussent demeurés dans cette retenue de n'oser rien ajouter aux connaissances qu'ils avaient reçues, ou que ceux de leur temps eussent fait la même difficulté de recevoir les nouveautés qu'ils leur offraient, ils se seraient privés eux-mêmes et leur postérité du fruit de leurs inventions. Comme ils ne se sont servis de celles qui leur avaient été laissées que comme de moyens pour en avoir de nouvelles, et que cette heureuse hardiesse leur avait ouvert le chemin aux grandes choses, nous devons prendre celles qu'ils nous ont acquises de la même sorte, et à leur exemple en faire les moyens et non pas la fin de notre étude, et ainsi tâcher de les surpasser en les imitant. Car qu'y a-t-il de plus injuste que de traiter nos anciens avec plus de retenue qu'ils n'ont fait ceux qui les ont précédés, et d'avoir pour eux ce respect inviolable qu'ils n'ont mérité de nous que parce qu'ils n'en ont pas eu un pareil pour ceux qui ont eu sur eux le même avantage[1] ?.....

Les secrets de la nature sont cachés; quoiqu'elle agisse toujours, on ne découvre pas toujours ses effets :

1. Artifice de polemique, qui n'est pas indigne du futur auteur des *Provinciales*. C'est l'exemple même des anciens qu'il rappelle à leurs partisans outres, et il invite ceux-ci à l'imitation parfaite et raisonnable de ceux qu'ils admirent exclusivement. En outre, Pascal marque, en matière de science, ce qui sera la regle du XVIIe siecle, même en matiere de litterature : *tâcher de surpasser les anciens en les imitant* Il garde une juste mesure entre les adorateurs aveugles et les detracteurs systematiques, comme Descartes, qui declare *qu'il ne sait pas même si jamais il y a eu aucuns hommes avant lui, et qui partant ne s'émeut pas beaucoup de leur autorité*. (Éd. Garnier, II, 299.—*Rép. aux object. de Gassendi.*) Pascal ne voulait pas rompre avec le passé, et croyait à un progres continu et sans interruption. Descartes ne croyait le progres possible que par une complete renovation, et faisait recommencer la science à partir de lui. — Cette *heureuse hardiesse* rappelle le *feliciter audet* d'Horace.

le temps les révèle d'âge en âge, et quoique toujours égale en elle-même, elle n'est pas toujours également connue. Les expériences qui nous en donnent l'intelligence multiplient continuellement; et, comme elles sont les seuls principes de la physique, les conséquences multiplient à proportion[1]. C'est de cette façon que l'on peut aujourd'hui prendre d'autres sentiments et de nouvelles opinions sans mépris et sans ingratitude, puisque les premières connaissances qu'ils nous ont données ont servi de degrés aux nôtres, et que dans ces avantages nous leur sommes redevables de l'ascendant que nous avons sur eux; parce que s'étant élevés jusqu'à un certain degré où ils nous ont portés, le moindre effort nous fait monter plus haut, et avec moins de peine et moins de gloire nous nous trouvons au-dessus d'eux. C'est de là que nous pouvons découvrir des choses qu'il leur était impossible d'apercevoir. Notre vue a plus d'étendue; et, quoiqu'ils connussent aussi bien que nous tout ce qu'ils pouvaient remarquer de la nature, ils n'en connaissaient pas tant néanmoins, et nous voyons plus qu'eux[2].

1 « *Les experiences sont les seuls principes de la physique* » Pascal conçoit la physique comme une science tout *expérimentale* et *de faits*, à la façon de Bacon bien plus que de Descartes qui voulait en faire une science de raisonnement, en la ramenant à la mathématique : *in otiis hibernis* (1619) *Naturæ mysteria componens cum legibus Matheseos, utrius que arcana eadem clavi reserari posse ausus est sperare,* dit M. Chanut dans son epitaphe de Descartes

2. Pascal se montre à la fois reconnaissant envers les anciens, dont les connaissances, suivant lui, ont servi de degres aux nôtres, et modeste pour ses propres inventions, où il y a, dit-il, *moins de peine* et aussi *moins de gloire.* Dans sa longue phrase, on retrouve, suivie avec soin, quoique discretement indiquee, une métaphore que le P. Mersenne presentait ainsi : « . . *Comme l'on dit, il est bien facile et même nécessaire de voir plus loin que nos devanciers, lorsque nous sommes montes sur leurs épaules : ce qui n'empêche pas que nous ne leur soyons redevables, car c'est beaucoup d'avoir commencé, et de nous avoir*

Cependant il est étrange de quelle sorte on révère leurs sentiments. On fait un crime de les contredire et un attentat d'y ajouter, comme s'ils n'avaient plus laissé de vérités à connaître. N'est-ce pas là traiter indignement la raison de l'homme et la mettre en parallèle avec l'instinct des animaux, puisqu'on en ôte la principale différence, qui consiste en ce que les effets du raisonnement augmentent sans cesse, au lieu que l'instinct demeure toujours dans un état égal? Les ruches des abeilles étaient aussi bien mesurées il y a mille ans qu'aujourd'hui, et chacune d'elles forme cet hexagone aussi exactement la première fois que la dernière. Il en est de même de tout ce que les animaux produisent par ce mouvement occulte. La nature les instruit à mesure que la nécessité les presse ; mais cette science fragile se perd avec les besoins qu'ils en ont ; comme ils la reçoivent sans étude, ils n'ont pas le bonheur de la conserver, et toutes les fois qu'elle leur est donnée, elle leur est nouvelle, puisque la ..... nature n'ayant pour objet que de maintenir les animaux dans un ordre de perfection bornée, elle leur inspire cette science nécessaire... toujours égale, de peur qu'ils ne tombent dans le dépérissement, et ne permet pas qu'ils y ajoutent, de peur qu'ils ne passent les limites qu'elle leur a prescrites[1]. Il n'en est pas

donné les principes de cette science (la musique) » (*Questions harmoniques*, p. 262, Paris, 1634) Pascal cependant, ainsi que Galilee, avait ouvert des voies nouvelles, au lieu de suivre seulement celles des anciens, comme il le laisse à penser ici. Mais, dit Mme Perier, « *mon frère n'a jamais eu de passion pour la réputation* » (Éd. Havet, I, LXVII) S'il répondit vivement en une certaine occasion à un jesuite de Montferrand, c'etait pour defendre son honneur contre une insigne calomnie.

1 Remarquez ces *intentions* prêtées a la nature : *elle a pour objet*, elle *craindrait que* ., *elle ne permet pas* . Toutes ces expressions, ainsi que celles de *mouvement occulte*, de *science fragile*, *science nécessaire*, pour désigner

de même de l'homme, qui n'est produit que pour l'infinité. Il est dans l'ignorance au premier âge de sa vie; mais il s'instruit sans cesse dans son progrès : car il tire avantage, non seulement de sa propre expérience, mais encore de celle de ses prédécesseurs, parce qu'il garde toujours dans sa mémoire les connaissances qu'il s'est une fois acquises, et que celles des anciens lui sont toujours présentes dans les livres qu'ils en ont laissés. Et comme il conserve ces connaissances, il peut aussi les augmenter facilement, de sorte que les hommes sont aujourd'hui en quelque sorte dans le même état où se trouveraient ces anciens philosophes, s'ils pouvaient avoir vieilli jusques à présent, en ajoutant aux connaissances qu'ils avaient celles que leurs études auraient pu leur acquérir à la faveur de tant de siècles[1]. De là vient

l'*instinct*, supposent une idée confuse de finalité dans le monde physique. Pascal ici ne serait donc pas encore partisan de la doctrine cartésienne sur l'animal-machine, ou l'automatisme des bêtes. On sait qu'il le devint plus tard, peut-être en 1655, à Port-Royal, où, dit Fontaine, « *il n'y avait guère de solitaire qui ne parlât d'automate*..; on disait que *c'étaient des horloges* (les bêtes); *que ces cris qu'elles faisaient quand on les frappait n'étaient que le bruit d'un petit ressort qui avait été remué, mais que tout cela était sans sentiment. On clouait de pauvres animaux sur des ais, par les quatre pattes, pour les ouvrir tout en vie, et voir la circulation du sang qui était une grande matière d'entretien* » (T. II, p. 52-3, *Mémoires*.)

1. Pascal ne sépare pas l'espèce et l'individu. Chez les animaux, tout est à recommencer, dit il, à chaque génération nouvelle, comme, dans chaque être en particulier, à chaque nouveau printemps. Leur science apparente ne se conserve pas plus aux moments successifs d'une même vie, qu'elle ne se transmet d'une vie à la suivante. Chez les hommes, au contraire, les connaissances demeurent acquises pour toujours à chaque individu d'abord, grâce à la mémoire, puis à l'espèce entière, grâce aux livres. L'homme *s'instruit sans cesse*, et toute la suite des hommes *apprend continuellement*. Ce fait que rien ne se perd des connaissances une fois acquises devient la cause d'un accroissement sans fin : c'est *parce qu'on les conserve, qu'on peut aussi les augmenter*. Pascal a un sentiment plus exact des conditions du progrès que Descartes, qui rompait complètement, il le croyait du

que, par une prérogative particulière, non seulement chacun des hommes s'avance de jour en jour dans les sciences, mais que tous les hommes ensemble y font un continuel progrès à mesure que l'univers vieillit, parce que la même chose arrive dans la succession des hommes que dans les âges différents d'un particulier. De sorte que toute la suite des hommes, pendant le cours de tant de siècles, doit être considérée comme un même homme qui subsiste toujours et qui apprend continuellement : d'où l'on voit avec combien d'injustice nous respectons l'antiquité dans ses philosophes ; car, comme la vieillesse est l'âge le plus distant de l'enfance, qui ne voit que la vieillesse dans cet homme universel ne doit pas être cherchée dans les temps proches de sa naissance, mais dans ceux qui en sont les plus éloignés ? Ceux que nous appelons anciens étaient véritablement nouveaux en toutes choses, et formaient l'enfance des hommes proprement ; et comme nous avons joint à leurs connaissances l'expérience des siècles qui les ont suivis, c'est en nous que l'on peut trouver cette antiquité que nous révérons dans les autres[1].

Ils doivent être admirés dans les conséquences qu'ils ont bien tirées du peu de principes qu'ils avaient, et ils doivent être excusés dans celles où ils ont plutôt manqué du bonheur de l'expérience que de la force du raisonnement[2].

moins, avec le passé. — Mais ne force-t-il pas l'antithese, en opposant à une parfaite continuite dans le progres humain une interruption incessante de tout apprentissage chez les bêtes : il ne tient compte ni de l'*habitude* qui fait beneficier chacune de son experience antérieure, ni de l'*heredité* qui fait beneficier l'espece de l'experience acquise par les parents

1. Bacon avait dit : *Antiquitas sæculi, juventus mundi* Malebranche reprendra plus tard les mêmes idees (*Recherche de la Vérité*, l II, 2e partie, c III, § 2)

2 Ainsi Pascal attribue les inventions nouvelles au seul *bonheur*

Car n'étaient-ils pas excusables dans la pensée qu'ils ont eue pour la *voie de lait*, quand la faiblesse de leurs yeux n'ayant pas encore reçu le secours de l'artifice, ils ont attribué cette couleur à une plus grande solidité en cette partie du ciel qui renvoie la lumière avec plus de force?

Mais ne serions-nous pas inexcusables de demeurer dans la même pensée, maintenant qu'aidés des avantages que nous donne la lunette d'approche, nous y avons découvert une infinité de petites étoiles, dont la splendeur plus abondante nous a fait reconnaître quelle est la véritable cause de cette blancheur[1].

de l'expérience. C'est la part des modernes. Quant aux anciens, il leur attribue *la force du raisonnement* On ne saurait faire plus de concessions à des adversaires. Le P. Mersenne avait ecrit déjà : « *Les anciens ont eté plus savants que nous en toutes sortes de sciences, si l'on en excepte quelques nouvelles observations que l'on a faites au ciel, et quelques artifices, comme ceux des horloges à roues, de l'imprimerie, du canon, des lunettes à longue et à courte vue, et de quelques autres nouvelles inventions. Néanmoins il ne faut pas croire que les Grecs aient tellement tiré l'échelle apres eux, qu'il ne reste plus rien à trouver....* » (*Questions inouies*, etc , p. 147-8)

1. La *voie lactée* fut reconnue pour ce qu'elle est reellement par Galilee, qui dès 1609 observa le ciel avec une lunette Elle lui parut une *poussière d'etoiles*, comme dira Milton, qui en avait cause avec Galilee Dans sa *Dioptrique*, publiée avec le *Disc. de la Méth.*, en 1637, Descartes parle ainsi de « *ces merveilleuses lunettes qui. .. portant notre vue beaucoup plus loin que n'avait coutume d'aller l'imagination de nos pères, semblent nous avoir ouvert le chemin, pour parvenir à une connaissance de la nature beaucoup plus grande et plus parfaite qu'ils ne l'ont eue. Mais, à la honte de nos sciences, cette invention si utile et si admirable n'a premierement été trouvée que par l'experience et la fortune Il y a environ trente ans, qu'un nommé Jacques Metius de la ville d'Alcmar en Hollande, homme qui n'avait jamais étudié,... mais qui prenait particulièrement plaisir à faire des miroirs et verres brûlants, en composant même l'hiver avec de la glace, . ayant a cette occasion plusieurs verres de diverses formes, s'avisa par bonheur de regarder au travers de deux, dont l'un etait un peu plus épais au milieu qu'aux extremités et l autre au contraire beaucoup plus épais aux extrémités qu'au*

N'avaient-ils pas aussi sujet de dire que tous les corps corruptibles étaient renfermés dans la sphère du ciel de la lune, lorsque durant le cours de tant de siècles ils n'avaient point encore remarqué de corruptions ni de générations hors de cet espace[1] ?

Mais ne devons-nous pas assurer le contraire lorsque toute la terre a vu sensiblement des comètes s'enflammer et disparaître bien loin au delà de cette sphère[2] ?

milieu, et il les appliqua si heureusement aux deux bouts d'un tuyau, que la premiere des lunettes dont nous parlons en fut composée. » Et Descartes se plaint, à cette date de 1637, que « *personne encore n'ait suffisamment déterminé les figures que ces verres doivent avoir.* »

1. Suivant l'ancien système, le centre du monde était la Terre, autour de laquelle tous les astres paraissent en effet tourner. Les diverses constellations, attachées à la voûte céleste, tournent avec celle ci et sont emportées dans son mouvement. Chaque planète est attachée de même à une voûte ou une sphère beaucoup plus proche de nous, et qui, outre son mouvement de rotation dans le même sens que la sphere superieure, tourne d'un mouvement propre en sens inverse, ce qui explique les retards de chaque planete sur les etoiles fixes Et comme ces retards varient d'une planète à une autre, toutes ne peuvent pas être attachées à la même voûte, mais chacune doit avoir sa sphère propre ou son ciel Ainsi la Terre occupe le centre : tout autour est d'abord le ciel de la Lune, puis le ciel de Mercure, celui de Vénus, du Soleil, de Mars, de Jupiter, de Saturne, au-dessus encore le firmament, le premier et le second cristallin, le premier mobile et enfin l'empyrée.

2. On croyait toutes ces sphères solides comme du cristal. « *Ça principalement éte Tycho-Brahé qui a brisé pour ainsi dire et renversé les sphères solides, après avoir le premier observé et démontré que les Cometes traversent les espaces éthérés...* » (Bernier, *Abrégé de Gassendi*, t. IV, p 284, edit 1684). Les observations de Tycho sont de 1577, 1585 et 1590. Plus tard on en fit d'autres, et plus exactes, avec le telescope. Un certain Lotharius Sarsius, ou Horatius Grassus, rassembla tout ce qu'on savait des cometes, dans un livre imprimé en 1619, puis en 1626, *Libra astronomica*, dont s'est servi Descartes. Parlant de Tycho et des autres astronomes, Descartes dit : « *Parce qu'ils disputaient contre les anciens, qui ont compris les cometes entre les météores qui se forment dans l'air au-dessous de la lune, ils se sont contentés de montrer qu'elles sont dans le ciel, et n'ont osé leur attribuer toute la hauteur qu'ils découvraient par leur calcul Ils ont dit qu'elles étaient*

C'est ainsi que sur le sujet du vide ils avaient droit de dire que la nature n'en souffrait point, parce que toutes leurs expériences leur avaient toujours fait remarquer qu'elle l'abhorrait et ne le pouvait souffrir.

Mais si les nouvelles expériences leur avaient été connues, peut-être auraient-ils trouvé sujet d'affirmer ce qu'ils ont eu sujet de nier par là que le vide n'avait point encore paru[1]. Aussi dans le jugement qu'ils ont fait que la nature ne souffrait point de vide, ils n'ont entendu parler de la nature qu'en l'état où ils la connaissaient; puisque, pour le dire généralement, ce ne serait assez de l'avoir vu constamment en cent rencontres, ni en mille, ni en tout autre nombre, quelque grand qu'il soit; puisque s'il restait un seul cas à examiner, ce seul suffirait pour empêcher la définition générale, et si un seul était contraire, ce seul....; car dans toutes les matières dont la preuve consiste en expériences et non en démonstrations, on ne peut faire aucune assertion universelle que par la

seulement au-dessus de la lune, vers la sphère de Vénus et de Mercure. » Mais « *ils eussent encore mieux pu déduire de leurs observations qu'elles étaient au-dessus de Saturne.* » Et il ajoute : « *j'espere faire voir ci-apres que ces comètes sont des astres qui font de si grandes excursions de tous côtés dans les cieux, et si differentes tant de la stabilité des étoiles fixes, que du circuit régulier que font les planetes autour du soleil, qu'il serait impossible de les expliquer, conformement aux lois de la nature, à moins que de supposer un espace tellement vaste entre le soleil et les étoiles fixes, dans lequel ces excursions se puissent faire.* » (*Principes*, trad. franç , III, art. 42) — Hevelius allait bientôt donner une premiere théorie scientifique des comètes dans sa *Cometographia* (Dantzig, 1668).

1. Pascal ne veut etablir qu'une chose ici : il y a du vide dans la nature, donc celle-ci n'en a point horreur. Quant à la cause du phénomène, il n'y fait pas la moindre allusion. Aussi les *nouvelles expériences* dont il parle seraient les experiences de Rouen, faites en octobre 1646 jusqu'en janvier, et dont il publia un petit abrégé en octobre 1647, sous ce titre : *Nouvelles expériences touchant le vide.* L'experience du Puy-de-Dôme sur la cause de ce vide ne se fit qu'en septembre 1648.

générale énumération de toutes les parties et de tous les cas différents. C'est ainsi que, quand nous disons que le diamant est le plus dur de tous les corps, nous entendons de tous les corps que nous connaissons, et nous ne pouvons ni ne devons y comprendre ceux que nous ne connaissons point; et quand nous disons que l'or est le plus pesant de tous les corps, nous serions téméraires de comprendre dans cette proposition générale ceux qui ne sont point encore en notre connaissance, quoiqu'il ne soit pas impossible qu'ils soient en nature[1].

De même quand les anciens ont assuré que la nature ne souffrait point de vide, ils ont entendu qu'elle n'en souffrait point dans toutes les expériences qu'ils avaient vues, et ils n'auraient pu sans témérité y comprendre celles qui n'étaient pas en leur connaissance. Que si elles y eussent été, sans doute ils auraient tiré les mêmes conséquences que nous et les auraient par leur aveu autorisées de cette antiquité dont on veut faire aujourd'hui l'unique principe des sciences[2].

1. Aucune proposition ne saurait être vraiment *générale*, ou plutôt *universelle*, à moins qu'elle ne soit *necessaire*, et les mathematiques seules en établissent de telles par la demonstration. A défaut de celle-ci, l'énumération complète de tous les cas possibles permettrait d'affirmer à leur sujet quelque chose d'universel. Mais, comme l'enumeration n'est jamais complete, on ne peut affirmer qu'avec des restrictions, en reservant toujours ce que l'avenir révelera peut-être de nouveau ou même de contraire à l'affirmation primitive. Bacon cependant proposait un autre fondement à l'induction que cette énumération impossible, à savoir les expériences ou plutôt l'expérimentation. Pascal, qui s'en est servi avec tant de succes, ne parait pas avoir vu toute la portée de cette méthode, et s'en tient à l'ancienne idée de l'induction, *per enumerationem simplicem, ubi nulla reperitur instantia contraria*. De même, les logiciens de Port-Royal : aussi songeaient-ils surtout, et avec raison, a prémunir l'esprit contre un procédé dangereux, en effet, et qui devient aisément un sophisme (Voir nos *Études sur les principaux philosophes*, Bacon, p 168-174)

2. Plus haut, Pascal avait dit : *les expériences sont les seuls*

C'est ainsi que, sans les contredire, nous pouvons assurer le contraire de ce qu'ils disaient ; et quelque force enfin qu'ait cette antiquité, la vérité doit toujours avoir l'avantage, quoique nouvellement découverte, puisqu'elle est toujours plus ancienne que toutes les opinions qu'on en a eues, et que ce serait ignorer sa nature de s'imaginer qu'elle ait commencé d'être au temps qu'elle a commencé d'être connue[1].

---

principes de la physique D'autres voulaient que l'*unique principe des sciences* fût l'*autorité* des anciens Voilà les deux principes qu'il oppose l'un à l'autre dans cette preface.

1. Cette conclusion, si ferme, fait songer à ces paroles de Pascal, dans une autre polemique, où la vérite, croyait il, se trouvait également aux prises avec l'autorite, mais avec une autorité violente, qui avait pour elle la force et qui pretendait en user. « C'est une etrange et longue guerre que celle ou la violence essaye d'opprimer la verité. Tous les efforts de la violence ne peuvent affaiblir la verite, et ne servent qu'a la relever davantage. Toutes les lumieres de la vérite ne peuvent rien pour arrêter la violence, et ne font que l'irriter encore plus. Mais la violence n'a qu'un cours borné par l'ordre de Dieu, qui en conduit les effets à la gloire de la vérité qu'elle attaque ; au lieu que *la vérité subsiste éternellement*, et triomphe enfin de ses ennemis, parce qu'elle est *éternelle et puissante comme Dieu même.* » (*Provinciales*, XIIe lettre, fin)

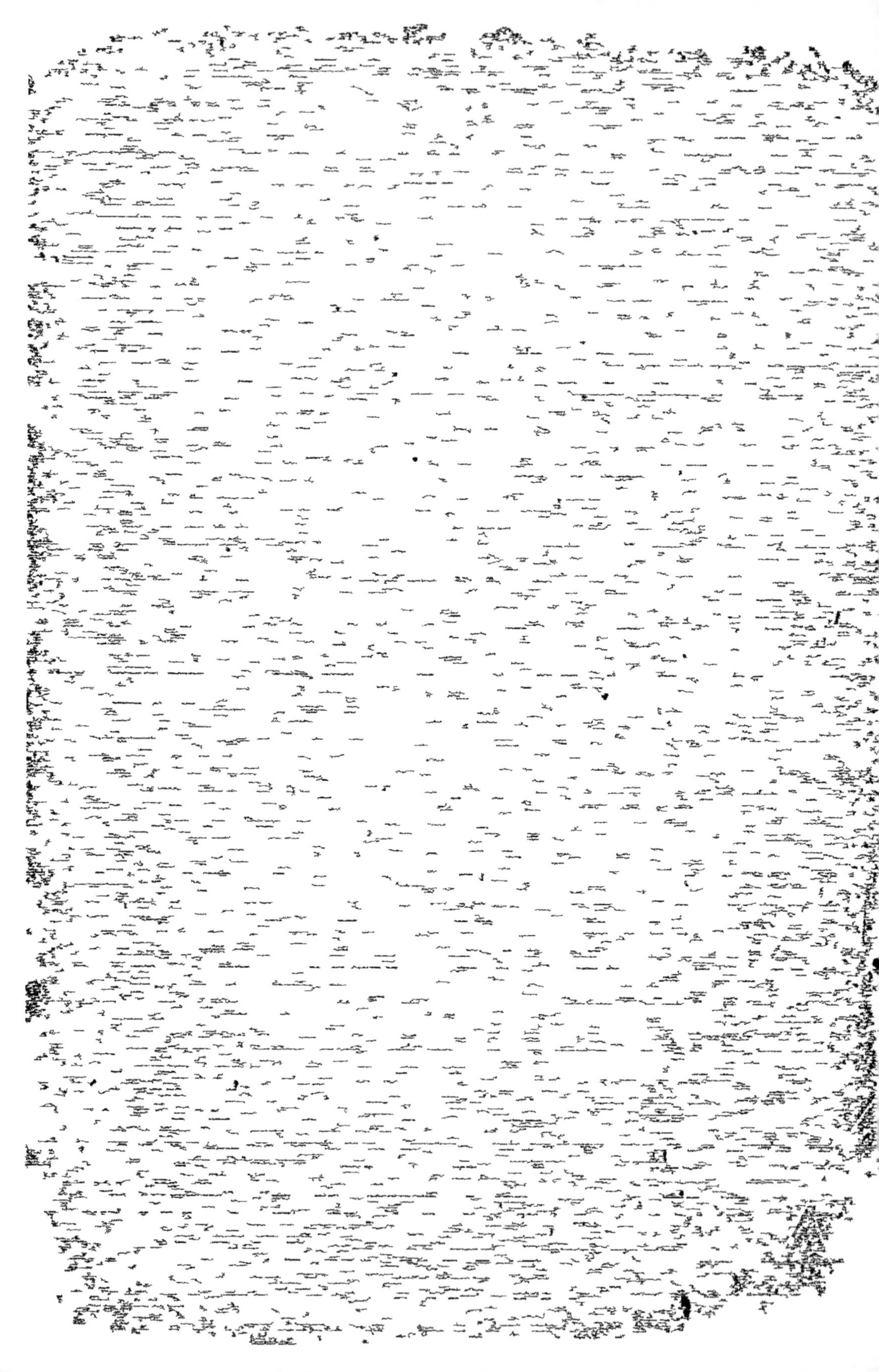

OPUSCULE II

ENTRETIEN DE PASCAL AVEC M. DE SACI

OPUSCULE II

ENTRETIEN DE PASCAL AVEC M. DE SACI

INTRODUCTION

§ 1. DATE DE L'ENTRETIEN.

Pascal se convertit à la fin de l'année 1654. Le billet qu'on trouva après sa mort, cousu dans son habit, et que Condorcet devait appeler son *amulette*, marque le moment décisif, la nuit du lundi 23 novembre. En outre, on a de Jacqueline, la sœur de Pascal, en religion sœur de Sainte-Euphémie, trois lettres écrites au cours même des événements. La première est du 8 décembre : Jacqueline annonce à Mme Périer l'heureux changement de leur frère. La seconde, du 19 janvier 1655, est adressée à Pascal lui-même, pendant son séjour à Port-Royal des Champs. Enfin la troisième, écrite en deux fois par la religieuse à ses heures perdues, le 25 janvier et le 8 février, raconte à Mme Périer les détails de la conversion. Tout le mois de décembre, Pascal resta sous la direction spirituelle de sa sœur, sur le conseil de M. Singlin, le directeur de la maison, que ses infirmités retenaient à la campagne. Quand celui-ci revint à Paris, et qu'il eut entendu son pénitent, il jugea bon de l'envoyer à Port-Royal des Champs, « pour être plus à soi qu'il n'était, à cause du retour de son bon ami, le duc de Roannez. » Pascal partit donc, le lendemain de la fête des Rois, c'est-à-dire le 7 janvier, avec le duc de Luynes, pour aller dans une de ses maisons, sans doute au château de Vaumurier. « Il était bien juste, lui écrit sa sœur, que tout ce qui peut encore ressentir le monde dans le désert, vous retint captif après avoir eu tant d'éloignement de tout ce qui vous en pouvait délivrer. » Mais parce qu'il n'était pas là encore assez seul à son gré, il demanda et obtint une cellule parmi les solitaires de Port-Royal. Il y demeura jusqu'aux premiers jours de février, où quelques affaires le forcèrent à retourner à Paris : « il est ici depuis jeudi », écrivait la sœur de Sainte-Euphémie le 8 de ce mois ; *ici*, c'est-à-dire au couvent de la rue Saint-Jacques, dans une des chambres réservées aux personnes pieuses qui y venaient faire des retraites. — A Port-Royal des Champs, Pascal avait voulu suivre le train ordinaire de la maison : comme les Messieurs, il se levait à cinq heures du matin, assistait à tout l'office, depuis prime jusqu'à complies, mangeait, comme eux, avec une cuiller de bois et dans de la vaisselle de terre, songeait même à jeûner, quoique malade, comme « pour braver toutes les règles de la médecine », et avec cela se portait à merveille, si bien que Jacqueline lui écrivait que vraiment « la santé dépend plus de Jésus-Christ que d'Hippocrate, et que le régime de l'âme guérit le corps ». Et lui, déclare que sa joie est extrême de se voir traité et logé en prince, mais en prince au jugement de saint Bernard, c'est-à-dire dans l'ordre de la pauvreté et de la charité, non pas de la richesse, ni de la science, au point que sa sœur, tout heureuse de le trouver si gai dans la solitude, ne sait néanmoins comment M. de Saci s'accommode d'un pénitent si réjoui. La même allégresse se retrouve dans l'entretien de Pascal avec cet autre directeur : toute la ferveur du néophyte, qui se venge de ses anciennes idoles en les brisant, pour exalter d'autant le Dieu nouveau qu'il adore, éclate en paroles entraînantes, en reparties sublimes, dans lesquelles le sage et pieux solitaire admire en silence les effets de la grâce, et ne songe, comme Néarque avec Polyeucte, qu'à modérer ce zèle, qu'il juge un peu ardent. La date de l'*Entretien* est donc de janvier 1655.

§ 2. PASCAL ET ÉPICTÈTE.

Pascal, dans cet *Entretien*, parle beaucoup d'Épictète et de la morale stoïque. En 1651 déjà, lors de la mort de son père, écrivant à M. et Mme Périer, il rappelle les paroles de Socrate et de Sénèque, « qui n'ont rien de persuasif en cette occasion » :

que disent-ils, en effet, sinon que, la mort étant naturelle à l'homme, on aurait tort de s'en affliger ? Et Pascal leur préfère Jésus-Christ, avec ses divines consolations. Les années suivantes, sans doute, il lut Épictète, puisque, à la date de janvier 1655, il en parle comme d'un de ses livres les plus ordinaires.

On peut se demander s'il le lisait dans le texte original. Il n'en était pas incapable, puisque, avec le latin, son père voulut qu'il apprît le grec. Cependant, comme on avait traduit nombre de fois déjà le *Manuel* de ce philosophe, probablement Pascal le lut en français. De toutes ces traductions, la plus connue était alors celle de Guillaume du Vair, qui fut premier président au parlement de Provence sous Henri IV, évêque de Lisieux, et deux fois garde des sceaux pendant la minorité de Louis XIII. Ce personnage, non moins stoïcien dans sa conduite que dans ses livres, était, dira Casaubon dans son commentaire du *Manuel* en 1659, celui qui avait le mieux dépisté le vrai sens d'Épictète, *unus Varius sensum subodoratus est*. On donna une dernière et belle édition de ses œuvres à Paris, en 1641. Mais elle avait été précédée de dix autres, sans compter les éditions partielles, qui parurent du vivant de l'auteur. Il ne s'était pas contenté de traduire le *Manuel;* mais, dans d'autres ouvrages, comme la *Philosophie morale des stoïques*, et les *Traités de la constance et consolation ès calamités publiques*, reprenant les idées du philosophe, il en faisait l'application aux événements contemporains, et en tirait pour lui-même et ses amis des leçons de courage et de dignité. C'est ainsi que, pendant la première moitié du dix-septième siècle, il contribua, bien plus que Juste Lipse avec son traité latin, *Manuductio ad stoïcam philosophiam* (1604), guide de la philosophie stoïcienne, à faire connaître et goûter cette noble doctrine aux gens du monde; et lorsque Balzac écrivait qu'enfin « il était permis de parler librement de Zénon et de Chrysippe, depuis la mort de Juste Lipse et de M. le garde des sceaux du Vair », en s'insurgeant contre leur influence à tous deux, il ne faisait que l'attester davantage. Aussi l'on a pu dire avec justice que du Vair, après Montaigne, est celui qui a mis en circulation le plus d'idées philosophiques en France; mais les siennes étaient toutes du même ordre, tandis que Montaigne en répandait bien d'autres, et à pleines mains, avec une folle prodigalité[1].

1. Sur Guillaume du Vair, lire une *Étude historique et littéraire*, par E. Cougny (Paris, 1857.)

Peut-on assurer maintenant que Pascal a connu Épictète par les ouvrages de du Vair? D'abord, les quelques fragments du philosophe qu'il cite dans son *Entretien*, semblent empruntés pour l'expression et pour le tour à la traduction de celui-ci. Ensuite, la couleur religieuse qu'il donne, en la forçant un peu, aux idées d'Epictète, est aussi celle que leur donnait du Vair en l'interprétant avec un esprit chrétien qui apparaît encore mieux dans un autre de ses traités, *la sainte philosophie*. C'est là que la soumission stoïque à tous les événements de ce monde devient aux yeux de l'évêque de Lisieux une pieuse résignation, rendue plus douce par la confiance vraiment filiale du chrétien, qui marche en la vie, « suivant pas à pas nostre Dieu, et le tenant par la robbe ». Pascal, d'ailleurs, a lu certainement quelque chose de du Vair, au moins à son insu, puisqu'il a lu Charron, et que celui-ci, dans son livre *De la sagesse*, a reproduit mot pour mot maint passage de son contemporain, en particulier pour dépeindre les passions. Mais Pascal parle aussi de l'opinion, « cette maîtresse d'erreur, » à peu près, au moins pour le fond des idées, comme en avait parlé du Vair, et dans son *Art de persuader*, certain endroit rappelle assez bien une page du même auteur, qui avait aussi écrit un *Traité de l'éloquence française*. Enfin voici peut-être la preuve décisive : le chevalier de Méré, lorsqu'il raconte le voyage qu'il fit en Poitou avec le duc de Roannez et ce mathématicien que l'on pense être Pascal, dit en se moquant de celui-ci : « *il admirait l'esprit et l'éloquence de M. du Vair* ». Si le voyage se fit, comme on peut le croire, en 1652, où le duc de Roannez se trouva dès le mois de juillet, dans son gouvernement du Poitou, c'est bien le moment où Pascal lisait les philosophes, et d'abord Épictète. Outre le *Manuel*, un peu bref, quoique si bien rempli, il aurait lu les développements de du Vair sur la morale stoïque, ce qui aide à comprendre comment il en a si bien pénétré le fond. Quant au dédain que le chevalier de Méré, ce parfait modèle de l'*honnête homme*, ou de l'homme de cour, manifeste pour le vieil auteur et son style un peu suranné, on le retrouve chez d'autres contemporains, Balzac, La Mothe le Vayer, Vaugelas. Guillaume du Vair était lu néanmoins; et juste au temps de la Fronde où nous sommes, en 1652, Gassendi, l'apologiste d'Epicure, approuvait fort néanmoins le prince Louis de Valois de lire, pour se fortifier contre les malheurs publics, et le *Traité de la constance*, et la *Philosophie morale des Stoïques*. Pascal pouvait donc lire aussi du Vair et l'admirer à cause de son esprit et de son éloquence, surtout si l'on songe que c'était pour son père et pour lui presque un compatriote, étant d'une famille originaire d'Auvergne[1].

§ 3. PASCAL ET MONTAIGNE.

Pascal lut aussi Montaigne pendant les mêmes années, de 1652 à 1655, et peut-être sur le conseil de Méré, le bel esprit, sans doute amateur de traits d'histoire, de petits contes et de bons mots, le tout dit d'un air cavalier, comme en foisonnent les *Essais.* Mlle de Gournay, que Montaigne appelait sa fille d'alliance, avait donné plusieurs éditions de cet ouvrage, dont une en 1635, la première où figure à côté du titre une balance avec ses deux plateaux en équilibre, et la devise *Que sçai-je?* Elle y mit une préface, où Pascal a pu prendre, pour représenter Dieu, ou plutôt l'univers, la fameuse image du cercle, dont le centre est partout et la circonférence nulle part. Comment n'aurait-il pas été attiré par Montaigne, lorsque beaucoup de contemporains, comme le leur reproche un des rares adversaires de celui-ci, prenaient son disciple, Charron, pour Socrate, et, dans les *Essais*, l'*Apologie de Raimond de Sebonde* pour l'Évangile? Pascal étudia surtout cette apologie; mais il connaissait aussi les autres chapitres, comme le prouve mainte citation rapide de passages empruntés çà et là à tout le livre. Dans le grand ouvrage qu'il méditait pour la défense de la religion chrétienne, Montaigne reparaît, et de telle sorte qu'on en a pris l'occasion d'accuser Pascal de larcin littéraire. Cependant ses *Pensées* ne ressemblent guère à une copie : il est plus court et plus vif que Montaigne; il s'interdit sévèrement ce luxe d'images, et resserre en quelques traits précis et forts ce que l'aimable auteur se complaisait à développer sans lassitude et sans fin. Parfois quelques mots lui suffisent, semblables à des notes prises à la hâte et qui doivent rappeler plusieurs pages. Peut-être beaucoup de pensées ont été écrites de la sorte, en

1. Peut être aussi Pascal connaissait-il Épictète par cet autre ouvrage : *Les Propos d'Épictète recueillis par Arrien, translatés du grec en français, par Jean de Saint-François, dit le P. Goulu, religieux Feuillantin* (Paris, 1630).

ces mêmes années 1653 et 1654. Enfin Pascal a fait mieux que de citer Montaigne : il en a exprimé tout le suc et l'essence, au point qu'on peut dire avec M. de Saci que, même si on avait lu Montaigne, on ne le connaîtrait pas autant qu'après cet entretien.

§ 4. M. DE SACI.

« On a pourvu mon frère, écrivait Jacqueline, d'un directeur, qui est un homme incomparable dont il est tout ravi; aussi est-il de bonne race. » M. de Saci était neveu du grand Arnauld, mais à peu près du même âge que son oncle. Dès l'enfance, il fut sérieux et grave, retranchant de ses études tout ce qui ne regardait pas la piété. « Il se renfermait dans la lecture de l'Écriture et des saints Pères, pour s'en remplir le cœur et en faire ensuite une effusion sur les autres. » Son auteur de prédilection était saint Augustin. Prêtre à plus de trente-cinq ans, il retarda encore le moment de dire sa première messe, et « était si pénétré de la crainte chaste de Dieu et du respect de sa grandeur infinie, qu'il était comme dans un continuel tremblement en sa présence ». Son jugement sur Descartes, qu'il connaissait bien, ne fût-ce que par Arnauld, fait comprendre l'attitude qu'il garde en dehors de toute philosophie, dans son entretien avec Pascal. Il dit un jour au bon Fontaine que « M. Descartes était, à l'égard d'Aristote, comme un voleur qui venait tuer un autre voleur, et lui enlever ses dépouilles; qu'Aristote, peu à peu, était enfin devenu le maître des ministres de l'Église ». On le citait, et on déférait à ses citations, non moins qu'à celles de l'Écriture. « Aristote ayant usurpé dans l'Église une telle autorité, n'était-il pas juste qu'il fût renversé et dépossédé par un autre tyran, à qui il en arrivera peut-être autant? » M. de Saci parle à l'avance un peu comme Voltaire, qui dira plus tard de Descartes : « C'était beaucoup de détruire les chimères du péripatétisme, quoique par d'autres chimères; ces deux fantômes se combattirent : ils tombèrent l'un après l'autre. » Ainsi s'accordent toujours contre la raison, quand elle dogmatise, le scepticisme pour la railler au nom de la science, le mysticisme pour l'humilier au pied de la croix. Cependant, M. de Saci paraît moins mystique encore que Pascal. Un certain bon sens naturel, celui des

Arnauld et de tout Port-Royal, joint à une particulière connaissance du cœur humain, le fait hésiter à suivre son illustre pénitent dans toute l'apologie que celui-ci médite de la religion chrétienne; du moins fait-il de prudentes réserves, comme si la vérité, offerte aux esprits d'une certaine façon, pouvait prendre à leurs yeux toutes les apparences de l'erreur.

§ 5. LES PENSÉES.

Ce sont bien en effet les *Pensées* que Pascal esquisse à son directeur dans cet entretien, qui est comme une confession de ses sentiments les plus intimes. Il porta donc en lui près de dix ans ce grand ouvrage. Car, en comptant les quatre dernières années de sa vie, de 1659 à 1662, où, s'il ne pouvait plus écrire, du moins il y pensait toujours (et encore eut-il la force de tracer plus d une ligne de sa main défaillante), les trois années 1656, 1657 et 1658 furent employées à cette puissante ébauche, en même temps qu'il travaillait aux *Provinciales*, puis aux problèmes sur la *roulette;* l'année 1655 compléta sa connaissance de l'Evangile, que M. de Saci traduisait devant lui; et les deux ou trois années qui précèdent l'avaient familiarisé avec Épictète et Montaigne, qu'il commenta sans doute alors, jetant de verve sur le papier certaines tirades, ou sublimes d'orgueil intellectuel et moral, ou pleines d'insulte et de dérision pour nos sottises et nos faiblesses. A cette date de janvier 1655, Pascal est donc au point culminant de son œuvre : il la voit tout entière dans son esprit. Le travail préparatoire sur Épictète et Montaigne est terminé : reste, pour le compléter, une étude à faire sur les miracles, sur l'Ancien et le Nouveau Testament. Mais Pascal sait, dès lors, et il le dit à M. de Saci, jusqu'où il est sceptique avec Montaigne, et à quel endroit précis il l'abandonne; comment, d'autre part, il suit d'abord Épictète pour se séparer tout à coup de lui avec horreur, comme d'un impie; comment enfin, sûr de la vérité qu'il possède, grâce à l'Évangile, il peut renchérir sur les audaces de ces deux philosophes, bafouer l'homme avec une amertume que ne pouvait avoir Montaigne, le diviniser d'autre part, en recourant à un médiateur que n'a pas connu Épictète, et enchaîner, si l'on ose dire, ces deux philosophes au char de

Jésus-Christ, pour servir à son triomphe. Le dogme de la chute originelle, à laquelle participe toute l'humanité, le dogme de la réparation apportée ensuite par un divin rédempteur, voilà les deux croyances surnaturelles qui seules, suivant Pascal, peuvent rendre raison de notre nature.

ENTRETIEN
DE PASCAL AVEC M. DE SACI

M. Pascal vint aussi, en ce temps-là, demeurer à Port-Royal des Champs. Je ne m'arrête point à dire qui était cet homme, que non seulement toute la France, mais que toute l'Europe a admiré. Son esprit toujours vif, toujours agissant, était d'une étendue, d'une élévation, d'une sûreté, d'une pénétration et d'une netteté au delà de ce qu'on peut croire... Cet homme admirable enfin, étant touché de Dieu, soumit cet esprit si élevé au joug de J.-C., et ce cœur si noble et si grand embrassa avec humilité la pénitence. Il vint à Paris se jeter entre les bras de M. Singlin, résolu de faire tout ce qu'il lui ordonnerait[1]. M. Singlin crut, en voyant ce grand génie, qu'il ferait bien de l'envoyer à Port-Royal (des Champs), où M. Arnauld lui prêterait le collet, en ce qui regarde les autres sciences, et où M. de Saci lui apprendrait à les mépriser. Il vint donc demeurer à Port-Royal[2].

1. Antoine Singlin, né à Paris, vers 1607, mort le 17 avril 1664, Supérieur de la maison de Port-Royal : « *Le talent où il excellait le plus, c'était dans la conduite des âmes. Son bon sens joint à une piété et à une charité extraordinaires imprimaient un tel respect, que bien qu'il n'eût pas la même étendue de génie et de science que M. Arnauld, non seulement les Religieuses, mais M. Arnauld lui-même, M. Pascal, M. le Maître et tous ces autres esprits si sublimes, avaient pour lui une docilité d'enfant, et se conduisaient en toutes choses par ses avis.* » (Racine, *Abrégé de l'histoire de Port-Royal*, éd. Hachette, t. IV, p. 474)

2. Antoine Arnauld (1612-1694) était un homme de science, non moins qu'un théologien. « *De toutes les objections qui se firent contre les Méditations de M. Descartes, il ne s'en trouva point à qui le public fit plus d'honneur qu'à celles de ce docteur ; et M. Descartes, les jugeant préférables à toutes les autres, ne fut point*

M. de Saci ne put se dispenser de le voir par honnêteté, surtout en ayant été prié par M. Singlin ; mais les lumières saintes qu'il trouvait dans l'Écriture et dans les Pères lui firent espérer qu'il ne serait pas ébloui de tout le brillant de M. Pascal, qui charmait néanmoins et enlevait tout le monde. Il trouvait en effet tout ce qu'il disait fort juste. Il avouait avec plaisir la force de son esprit et de ses discours ; mais il n'y apprenait rien de nouveau[1]. Tout ce que M. Pascal lui disait de grand, il l'avait vu avant lui dans saint Augustin[2] ; et faisant justice à tout le monde, il disait : M. Pascal est extrêmement estimable, en ce que, n'ayant point lu les Pères de l'Église, il avait de lui-même, par la pénetration de son esprit, trouvé les mêmes vérités qu'ils avaient trouvées. Il les trouve surprenantes, disait-il, parce qu'il ne les a vues en aucun endroit ; mais pour nous, nous sommes accoutumés à les voir de tous côtés dans nos livres. Ainsi, ce sage ecclésiastique trouvant que les anciens n'avaient pas moins de lumière que les nouveaux, il s'y tenait, et estimait beaucoup M. Pascal de ce qu'il se rencontrait en toutes choses avec saint Augustin.

La conduite de M. de Saci, en entretenant les gens, était de

honteux de s'en faire honneur de son côté comme d'un nouvel appui pour sa philosophie. » (Baillet, *Vie de M. Descartes*, t. II, p. 124 ..) — Arnauld fut ensuite le principal auteur de l'*Art de Penser* ou *Logique de Port-Royal*, et de *Nouveaux Éléments de Géométrie*, supérieurs, dit-on, à un *Essai* que Pascal aurait composé sur le même sujet — Isaac-Louis le Maître (de Saci), 1613-1684, neveu du précédent ; voy. l'introduction, p. 34. — *Prêter le collet* à quelqu'un, lutter contre lui : « *Je vous prêterai le collet en tout genre d'érudition.* » (Molière, *Amour médecin*, II, 4.) Cf. *se colleter*. — M. Havet, d'après le manuscrit de la Mazarine, donne : *à Port-Royal*, simplement ; *des Champs* est une addition du P. Desmolets et de Tronchai dans son édition des *Mémoires de Fontaine* de 1736

1. Ces derniers mots se trouvent dans l'édit. de 1736 (t II, p. 55). M. Havet les accepte d'après le manuscrit, mais en les mettant après les mots *fort juste*. Ils semblent mieux à leur place là où nous les laissons.

2. Saint Augustin (354-430), le grand saint de Port-Royal et de tous les Jansénistes Le principal ouvrage de l'évêque d'Ypres, Jansénius, avait pour titre *Augustinus* (Louvain, 1640), et les Jansénistes furent aussi appelés *Augustiniens* M de Saci, l'esprit tout rempli de saint Augustin, croyait le retrouver jusque dans les paroles de Pascal, comme Arnauld dans la philosophie de Descartes.

proportionner ses entretiens à ceux à qui il parlait. S'il voyait, par exemple, M. Champagne, il parlait avec lui de la peinture. S'il voyait M. Hamon, il l'entretenait de la médecine[1]. S'il voyait le chirurgien du lieu, il le questionnait sur la chirurgie. Ceux qui cultivaient ou la vigne, ou les arbres, ou les grains, lui disaient tout ce qu'il y fallait observer. Tout lui servait pour passer aussitôt à Dieu et pour y faire passer les autres. Il crut donc devoir mettre M. Pascal sur son fond, et lui parler des lectures de philosophie dont il s'occupait le plus. Il le mit sur ce sujet aux premiers entretiens qu'ils eurent ensemble. M. Pascal dit que ses deux livres les plus ordinaires avaient été Épictète et Montaigne; et il fit de grands éloges de ces deux esprits. M. de Saci, qui avait toujours cru devoir peu lire ces auteurs, pria M. Pascal de lui en parler à fond.

« Épictète, lui dit-il, est un des philosophes du monde qui a mieux connu les devoirs de l'homme. Il veut, avant toutes choses, qu'il regarde Dieu comme son principal objet; qu'il soit persuadé qu'il gouverne tout avec justice; qu'il se soumette à lui de bon cœur, et qu'il le suive volontairement en tout, comme ne faisant rien qu'avec une très grande sagesse : qu'ainsi cette disposition arrêtera toutes les plaintes et tous les murmures, et préparera son esprit à souffrir paisiblement les événements les plus fâcheux[2]. Ne dites jamais, dit-il, j'ai perdu cela;

1. M. Champagne, ou *Philippe de Champaigne*, peintre célèbre du XVIIe siècle (1602-1674). — M. Hamon (1618-1687),

> Tout brillant de savoir, d'esprit et d'éloquence,

comme dira de lui Boileau, fut un de ceux qui « prirent un soin tout particulier du jeune Racine ». Celui-ci s'en est souvenu plus tard : il demanda à être inhumé dans le cimetière de Port-Royal des Champs, au pied de la fosse de M. Hamon. — Il avait étudié la médecine avant sa retraite parmi les solitaires et se fit le médecin de la maison.

2. Épictète, *Manuel*, 34; du Vair traduisait ainsi : « *Quant à la piété qui est deue à Dieu, sçachez que le principal est d'en avoir bonne opinion, comme de celui qui gouverne toutes choses, le mieux et le plus justement qu'il est possible, se disposer à luy obéir, et céder à tout ce qu'il a fait, et*

dites plutôt, je l'ai rendu : mon fils est mort, je l'ai rendu ; ma femme est morte, je l'ai rendue. Ainsi des biens et de tout le reste. Mais celui qui me l'ôte est un méchant homme, dites-vous. De quoi vous mettez-vous en peine par qui celui qui vous l'a prêté vous le redemande ? Pendant qu'il vous en permet l'usage, ayez-en soin comme d'un bien qui appartient à autrui, comme un homme qui fait voyage se regarde dans une hôtellerie[1]. Vous ne devez pas, dit-il, désirer que ces choses qui se font se fassent comme vous voulez ; mais vous devez vouloir qu'elles se fassent comme elles se font[2]. Souvenez-vous, dit-il ailleurs, que vous êtes ici comme un acteur, et que vous jouez le personnage d'une comédie, tel qu'il plaît au maître de vous le donner. S'il vous le donne court, jouez-le court ; s'il vous le donne long, jouez-le long ; s'il veut que vous contrefaisiez le gueux,

suivre volontairement ce qu'il ordonne, comme procedant d'un tres sage conseil. Car faisant ainsi vous ne le blasmerez jamais, jamais vous ne l'accuserez de n'avoir pas soin de vous. » (p. 296 des *Œuvres de Messire Guillaume du Vair*, in-f., Paris, 1641.) Pascal cite de mémoire, mais assez exactement

1. *Manuel*, 11. Du Vair traduit : « *Ne dites jamais de quelque chose que ce soit, J'ay perdu cela, mais bien, Je l'ay rendu : mon enfant est mort, je l'ay rendu ; on m'a osté ma terre, est ce pas que je l'aye renduë ? Ouy, mais c'est un meschant homme qui me l'a ravie : de quoy vous souciez-vous, par qui celuy qui vous l'avoit prestée vous la redemande ? Toutefois jusques à ce que l'on vous la redemande, ayez-en soing comme de la chose d'autruy, et comme les passans ont de leur hostellerie.* » (Ib., p. 291.) Du Vair omet ici le passage : *ma femme est morte, je l'ai rendue*, que Pascal n'a garde d'oublier. Il recourait donc au grec et peut-être lisait Epictète dans le texte même. — Ajoutons que certaines éditions du Manuel ne donnent pas non plus les mots : ἡ γυνὴ ἀπέθανεν ; ἀπεδόθη, entre autres celle de Relandus (Utrecht, 1711) avec les notes de Meybaum et de Saumaise.

2. *Manuel*, 0 Du Vair : « *Ne desirez pas que les choses vous arrivent selon que vous voudriez bien, mais trouvez-les bonnes ainsi qu'elles adviennent, et vous serez heureux* » (Ib., p. 291.)

vous le devez faire avec toute la naïveté qui vous sera possible; ainsi du reste. C'est votre fait de jouer bien le personnage qui vous est donné; mais de le choisir, c'est le fait d'un autre[1]. Ayez tous les jours devant les yeux la mort et les maux qui semblent les plus insupportables; et jamais vous ne penserez rien de bas, et ne désirerez rien avec excès[2]. Il montre aussi en mille manières ce que doit faire l'homme. Il veut qu'il soit humble, qu'il cache ses bonnes résolutions, surtout dans les commencements, et qu'il les accomplisse en secret : rien ne les ruine davantage que de les produire[3]. Il ne se lasse point de répéter que toute l'étude et le désir de l'homme doivent être de reconnaître la volonté de Dieu et de la suivre[4].

« Voilà, monsieur, dit M. Pascal à M. de Saci, les lumières de ce grand esprit qui a si bien connu le devoir de l'homme. J'ose dire qu'il mériterait d'être adoré, s'il

1. *Manuel*, 19. Du Vair : « *Pensez que vous iouez icy une comedie, ou il vous faut faire le personnage qu il plaist au maistre : si court, court; si long, long. S'il veut que vous contrefaisiez le gueux, il le faut faire le plus naifvement que vous pourrez : le boiteux, le Prince, le particulier, enfin ce qu'il voudra : car votre fait c'est de bien jouer le personnage qui vous est donné; de le choisir, c'est le fait d'un autre.* » (Ib , p 293) *Naïvement* traduit bien le grec ἀφελῶς. Bientôt un janséniste, Saint-Gilles, dira des *Provinciales* : « Tout le monde prenait grand plaisir à voir dans ces pièces d'esprit la morale des Jesuites *naïvement* traitée, » c.-à-d. dépeinte au naturel

2. *Manuel*, 24. Du Vair : « *Ayes tousiours devant les yeux la mort, le bannissement et tout ce qui semble de plus fascheux, mais principalement la mort; et vous n'entreprendrez jamais rien bassement, ny ne desirerez rien trop ardemment* » (Ib , p 293.)

3 *Manuel*, XLVI et XLVII : « *Si Épictète a voulu que l'homme fût humble*, remarque Voltaire, *vous ne deviez donc pas dire que l'humilité n'a été recommandée que chez nous*, » c'est-à-dire que chez les chrétiens.

4 *Manuel*, LIII Épictète cite des vers de Cléanthe, et rappelle les dernières paroles de Socrate.

avait aussi bien connu son impuissance, puisqu'il fallait être Dieu pour apprendre l'un et l'autre aux hommes[1]. Aussi, comme il était terre et cendre, après avoir si bien compris ce qu'on doit faire, voici comme il se perd dans la présomption de ce que l'on peut[2]. Il dit que Dieu a donné à l'homme les moyens de s'acquitter de toutes ses obligations; que ces moyens sont toujours en notre puissance; qu'il faut chercher la félicité par les choses qui sont en notre pouvoir, puisque Dieu nous les a données à cette fin; qu'il faut voir ce qu'il y a en nous de libre; que les biens, la vie, l'estime ne sont pas en notre puissance et ne mènent donc pas à Dieu; mais que l'esprit ne peut être forcé de croire ce qu'il sait être faux, ni la volonté d'aimer ce qu'elle sait qui la rend malheureuse : que ces deux puissances donc sont libres, et que c'est par elles que nous pouvons nous rendre parfaits; que l'homme peut par ces puissances parfaitement connaître Dieu, et l'aimer, lui obéir, lui plaire, se guérir de tous ses vices, acquérir toutes les vertus, se rendre saint ainsi et compagnon de Dieu[3]. Ces principes d'une superbe diabolique le conduisent à d'autres erreurs, comme :

1. Les sages du paganisme sont bien aussi des révélateurs; mais ils ne révélaient qu'une partie de la vérité : Jésus-Christ seul devait l'apporter aux hommes tout entière.

2. Tel est le texte de l'édit. de 1736, autorisé par le manuscrit de Sainte-Beuve (t. II, p. 385, *Port-Royal*, 1867). — M. Havet lit : « . *ce qu'on doit, voici comment il se perd* . . »

3. Ici Pascal fait un crime à Épictète d'avoir dit ce que dira plus tard Kant, au nom de la conscience humaine : j'ai des devoirs, donc je suis libre, et capable de les remplir ; *je dois, donc je puis.* Les jansénistes pensaient, au contraire, que les commandements de Dieu sont impossibles à exécuter, si l'on ne reçoit pour cela une grâce surnaturelle, laquelle ne serait donnée qu'à un petit nombre, et encore leur fait parfois défaut. D'autre part, Pascal semble exagérer à dessein la théorie purement rationaliste, comme pour la rendre invraisemblable : Dieu aurait donné à l'homme les moyens de s'acquitter de *toutes* ses obligations ; ces moyens seraient *toujours* en notre

que l'âme est une portion de la substance divine; que la douleur et la mort ne sont pas des maux; qu'on peut se tuer quand on est si persécuté qu'on peut croire que Dieu appelle, et d'autres encore[1].

« Pour Montaigne, dont vous voulez, aussi, monsieur, que je vous parle, étant né dans un État chrétien, il fait profession de la religion catholique, et en cela il n'a rien de particulier. Mais comme il a voulu chercher quelle morale la raison devrait dicter sans la lumière de la foi[2], il a pris ses principes dans cette supposition; et ainsi, en considérant l'homme destitué de toute révélation, il discourt en cette sorte. Il met toutes choses dans un doute universel et si général, que ce doute s'emporte soi-même, c'est-à-dire s'il doute, et doutant même de cette dernière supposition[3], son incertitude roule sur elle-même dans un cercle perpétuel et sans repos, s'opposant également à ceux qui assurent que tout est incertain et à ceux qui assurent que tout ne l'est pas, parce qu'il ne veut rien assurer. C'est dans ce doute [qui doute] de soi[4] et dans

puissance; l'homme pourrait par *ses seules forces* (sans la grâce) se guérir de *tous* ses vices, acquérir *toutes* les vertus, et ainsi se rendre *saint*. Il ne fait aucune part à la faiblesse humaine, ni même aux habitudes personnelles ou héréditaires, qui si souvent paralysent notre liberté.

1. Pascal rappelle avec raison le panthéisme stoïcien qui explique en partie leur incroyable optimisme et cette possibilité pour l'âme humaine de se rendre entièrement divine, puisqu'elle l'est déjà dans son fond. Forts de ce principe, les Stoïciens soutenaient tous les paradoxes auxquels Pascal fait allusion.

2. Correction de Desmolets sans doute, au lieu de cette leçon du manuscrit, que suit M. Havet : « chercher *quelque* morale *que* la raison devrait dicter sans la lumière de la foi. » A moins de lire : *quelle est la morale que la raison devrait dicter*...

3. Voici le texte de l'édit. 1736 : « que ce doute s'emporte soi-même, *et que l'homme doutant même s'il doute*, son incertitude roule sur elle-même... » *Mémoires de Fontaine* (t. II, p. 59).

4. M. Havet supprime, d'après le manuscrit, les deux mots entre crochets, que donnent et le P. Desmolets et l'édition de 1736.

cette ignorance qui s'ignore, et qu'il appelle sa maîtresse forme, qu'est l'essence de son opinion, qu'il n'a pu exprimer par aucun terme positif[1]. Car s'il dit qu'il doute, il se trahit, en assurant au moins qu'il doute; ce qui étant formellement contre son intention, il n'a pu s'expliquer que par interrogation; de sorte que ne voulant pas dire *Je ne sais*, il dit *Que sais-je?* dont il fait sa devise, en la mettant sous des balances, qui, pesant les contradictions, se trouvent dans un parfait équilibre : c'est-à-dire qu'il est pur pyrrhonien[2]. Sur ce principe roulent tous ses discours, et tous ses *Essais;* et c'est la seule chose qu'il prétend bien établir, quoiqu'il ne fasse pas toujours remarquer son intention. Il y détruit insensiblement tout ce qui passe pour le plus certain parmi les hommes, non pas pour établir le contraire avec une certitude de laquelle seule il est ennemi, mais pour faire voir seulement que les apparences étant égales de part et d'autre, on ne sait où asseoir sa créance.

« Dans cet esprit, il se moque de toutes les assurances; par exemple, il combat ceux qui ont pensé établir dans la France un grand remède contre les procès par la

1. Pascal prend ailleurs la défense des dogmatistes : « *Que fera donc l'homme en cet état? Doutera-t-il de tout? doutera-t-il s'il veille, si on le pince, si on le brûle? doutera-t-il s'il doute? doutera-t-il s'il est? On n'en peut venir là; et je mets en fait qu'il n'y a jamais eu de pyrrhonien effectif parfait. La nature soutient la raison impuissante et l'empêche d'extravaguer jusqu'à ce point.* » (Art. VIII, 1. *Pensées.*) — Descartes concluait de son doute même la certitude de sa pensée et de son être.

2. Pyrrhon (340-288 environ av. J.-C.), philosophe sceptique. Dès l'antiquité, Ænésideme et Sextus Empiricus se servaient du mot πυρρώνειος comme synonyme de *sceptique*. — Au dix-septième siècle, *Pyrrhonien* était fort en usage, mais on disait aussi *sceptique*, témoin Descartes, *Disc. de la Méth.*, 3e partie : « Non que j'imitasse les *sceptiques*, qui ne doutent que pour douter et affectent d'être toujours irrésolus. »

multitude et par la prétendue justesse des lois : comme si l'on pouvait couper la racine des doutes d'où naissent les procès, et qu'il y eût des digues qui pussent arrêter le torrent de l'incertitude et captiver les conjectures ! C'est là que quand il dit qu'il voudrait autant soumettre sa cause au premier passant, qu'à des juges armés de ce nombre d'ordonnances, il ne prétend pas qu'on doive changer l'ordre de l'Etat, il n'a pas tant d'ambition, ni que son avis soit meilleur, il n'en croit aucuns de bons : c'est seulement pour prouver la vanité des opinions les plus reçues, montrant que l'exclusion de toutes lois diminuerait plutôt le nombre des différends, que cette multitude de lois qui ne sert qu'à l'augmenter, parce que les difficultés croissent à mesure qu'on les éclaire ; que les obscurités se multiplient par les commentaires[1], et que le plus sûr moyen pour entendre le sens d'un discours est de ne le pas examiner, et de le prendre sur la première apparence : si peu qu'on l'observe, toute la clarté se dissipe. Aussi il juge à l'aventure de toutes les actions des hommes et des points d'histoire, tantôt d'une manière, tantôt d'une autre, suivant librement sa première vue, et sans contraindre sa pensée sous les règles de la raison qui n'a que de fausses mesures, ravi de montrer par son exemple les contrariétés d'un même

1. *Essais* de Montaigne, liv. II, c. XIII : « .... *Nous avons en France plus de lois que tout le reste du monde ensemble, et plus qu'il n'en fauldroit a régler tous les mondes d'Epicurus : ut olim flagitiis, sic nunc legibus laboramus ; et si nous avons tant laissé à opiner et décider à nos juges qu'il ne feut jamais liberté si puissante et si licencieuse.* » Et encore : « *Ceux-là se mocquent, qui pensent appetisser nos desbats et les arrester, en nous rappellant à l'expresse parole de la Bible ; d'autant que nostre esprit ne trouve pas le champ moins spacieux à contrerooller le sens d'aultruy qu'a representer le sien, et comme s'il y avoit moins d'animosité et d'aspreté a gloser qu'a inventer. ..* »

esprit. Dans ce génie tout libre, il lui est entièrement égal de l'emporter ou non dans la dispute, ayant toujours par l'un ou par l'autre exemple un moyen de faire voir la faiblesse des opinions; étant porté avec tant d'avantage dans ce doute universel, qu'il s'y fortifie également par son triomphe et par sa défaite.

« C'est dans cette assiette, toute flottante et chancelante qu'elle est, qu'il combat avec une fermeté invincible les hérétiques de son temps, sur ce qu'ils s'assuraient de connaître seuls le véritable sens de l'Écriture; et c'est de là encore qu'il foudroyait plus vigoureusement l'impiété horrible de ceux qui osent assurer que Dieu n'est point. Il les entreprend particulièrement dans l'*Apologie de Raimond de Sebonde*[1]; et les trouvant dépouillés volontairement de toute révélation, et abandonnés à leur lumière naturelle, toute foi mise à part, il les interroge de quelle autorité ils entreprennent de juger de cet Être souverain qui est infini par sa propre définition, eux qui ne connaissent véritablement aucune des moindres choses de la nature. Il leur demande sur quels principes ils s'appuient; il les presse de les montrer. Il examine tous ceux qu'ils peuvent produire, et pénètre si avant, par le talent où il excelle, qu'il montre la vanité de tous ceux qui passent pour les plus éclairés et les plus fermes. Il demande si l'âme connaît quelque chose, et si elle se connaît elle-même; si elle est substance ou accident, corps ou esprit; ce que c'est que chacune de ces choses, et s'il n'y a rien qui ne soit de l'un de ces ordres; si elle

1. *Essais*, liv. II, c. XII. — Raymond Sebon ou Sebonde professa la philosophie, la médecine et la théologie, à Toulouse, au XVe siècle. Il mourut vers 1432. Son principal ouvrage est intitulé *Theologia naturalis, sive liber creaturarum.* Montaigne le traduisit en français. Voir un long extrait de cette traduction au t. IV, p. 305-340 de l'édition de Montaigne, par J. V. Le Clerc. (Garnier, 1866)

connaît son propre corps, ce que c'est que matière, et si elle peut discerner entre l'innombrable variété d'avis qu'on en produit; comment elle peut raisonner, si elle est matérielle; et comment elle peut être unie au corps particulier et en ressentir les passions, si elle est spirituelle; quand a-t-elle commencé d'être? avec le corps ou devant[1]? ou si elle finit avec lui ou non; si elle ne se trompe jamais; si elle sait qu'elle erre, vu que l'essence de la méprise consiste à la méconnaître[2]; si dans ses obscurcissements elle ne croit pas aussi fermement que deux et trois font six qu'elle sait ensuite que c'est cinq; si les animaux parlent, raisonnent, pensent; et qui peut décider[3] ce que c'est que le temps, ce que c'est que l'espace ou étendue, ce que c'est que le mouvement, ce que c'est que l'unité, qui sont toutes choses qui nous environnent et entièrement inexplicables; ce que c'est que la

1. La complaisance avec laquelle Pascal énumère tous ces doutes, montre combien peu l'avait touché le nouveau dogmatisme de Descartes. Celui-ci pourtant proposait une réponse à chacune de ces questions : l'âme se connaît d'abord, et le reste ensuite; elle se connaît comme substance, et comme substance spirituelle; toute la réalité que l'homme peut connaître, rentre dans l'une ou l'autre de ces deux grandes divisions, étendue et pensée, matière ou corps et esprit, la matière ne fait qu'un avec l'étendue, et il n'y a entre tous les corps que des différences de grandeur, de situation et de mouvement; quant au problème de l'union de l'âme et du corps, Descartes essayait de le résoudre au moyen de la *glande pinéale* et des *esprits animaux*. Pascal considérait-il comme nulle et non avenue toute la théorie de Descartes?

2. M. Havet, d'après le manuscrit de la Mazarine : *consiste à la connaître*. Mais le P. Desmolets donne : *à ne le pas connaître* (qu'on se trompe); et l'édit de 1736 : *à la méconnaître* (la méprise), sens qui me paraît beaucoup plus satisfaisant.

3. M. Havet, d'après le même Ms : « *et s'ils peuvent décider ce que c'est que le temps....* » Qui donc *ils?* seraient-ce *les animaux?* Personne ne pense qu'ils se posent de semblables problèmes. Et Pascal dit plus bas : « et puisque *nous ne savons* ce que c'est qu'âme, corps, *temps*, *espace*. » C'est pourquoi j'ai suivi la leçon ou, si l'on veut, la glose du P. Desmolets, qui est aussi celle de l'édition de 1736.

santé, maladie, vie, mort, bien, mal, justice, péché, dont nous parlons à toute heure; si nous avons en nous des principes du vrai, et si ceux que nous croyons, et qu'on appelle axiomes ou notions communes, sont conformes dans tous les hommes, et conformes à la vérité essentielle[1]. Et puisque nous ne savons que par la seule foi qu'un être tout bon nous les a donnés véritables, en nous créant pour connaître la vérité, qui saura sans cette lumière si, étant formés à l'aventure, ils ne sont pas incertains, ou si, étant formés par un être faux et méchant, il ne nous les a pas donnés faux afin de nous séduire? montrant par là que Dieu et le vrai sont inséparables, ou que si l'un est ou n'est pas, s'il est incertain ou certain, l'autre est nécessairement de même[2]. Qui sait donc si le sens commun, que nous prenons pour juge du vrai, en a l'être de celui qui l'a créé[3]? De plus, qui sait ce que c'est que vérité, et comment peut-on s'assurer de l'avoir sans la

1. M. Havet, d'après le Ms. : « .... *parce qu'elles sont conformes dans tous les hommes, et conformes dans la vérité essentielle.* » La phrase ne finit point. On obtient un sens satisfaisant en supprimant *parce qu'elles*, qui paraît être une glose maladroite. D'autant plus que plus bas Pascal, résumant tous les motifs de douter, rappelle celui-ci : « *Comment nous assurerons-nous qu'elle (l'idée de l'âme, du corps, etc.) est la même dans tous les hommes?* » — Je conserve *à la vérité essentielle*, au lieu de *dans la vérité essentielle*, comme une correction heureuse du P. Desmolets et de l'édit. de 1736

2. C'est l'hypothèse du *malin génie*, que Descartes avait aussi reprise, et dont on ne peut se défaire qu'en prouvant d'abord que l'auteur de notre esprit et des notions fondamentales qui s'y trouvent, est l'Être parfait, incapable, par conséquent, de nous tromper. Pascal dit ailleurs : « .... *n'y ayant point de certitude, hors la foi, si l'homme est créé par un Dieu bon, par un démon méchant, ou à l'aventure, il est en doute si ces principes nous sont donnés ou véritables, ou faux, ou incertains, selon notre origine.* (Art. VIII, 1, *Pensées*).

3. L'édit. de 1736 : « .... *a été destiné à cette fonction par celui qui l'a créé?* » — Conjecture : *a été destiné à l'être (juge du vrai) de (ou par) celui qui l'a créé.*

connaître[1]? Qui sait même ce que c'est qu'être, qu'il est impossible de définir, puisqu'il n'y a rien de plus général, et qu'il faudrait, pour l'expliquer, se servir d'abord de ce mot-là même, en disant : c'est? Et puisque nous ne savons ce que c'est qu'âme, corps, temps, espace, mouvement, vérité, bien, ni même être, ni expliquer l'idée que nous nous en formons, comment nous assurerons-nous qu'elle est la même dans tous les hommes, vu que nous n'avons d'autre marque que l'uniformité des conséquences, qui n'est pas toujours un signe de celle des principes; car ils peuvent bien être différents et conduire néanmoins aux mêmes conclusions, chacun sachant que le vrai se conclut souvent du faux.

« Enfin il examine si profondément toutes les sciences : et la géométrie, dont il montre l'incertitude dans les axiomes et dans les termes qu'elle ne définit point, comme d'étendue, de mouvement, etc. ; et la physique en bien plus de manières, et la médecine en une infinité de façons; et l'histoire, et la politique, et la morale, et la jurisprudence, et le reste[2]; de telle sorte que l'on demeure convaincu que nous ne pensons pas mieux à présent que dans quelques songes dont nous ne nous éveillons qu'à la mort, et pendant lesquels nous avons

1. *Logique* de Port-Royal : « *Ce que les Académiciens disaient qu'il était impossible de trouver la vérité, si on n'en avait des marques, comme on ne pourrait reconnaître un esclave fugitif qu'on chercherait, si on n'avait des signes pour le distinguer des autres, au cas qu'on le rencontrât, n'est qu'une vaine subtilité. Comme il ne faut point d'autres marques pour distinguer la lumière des ténèbres, que la lumière même qui se fait assez sentir, ainsi, il n'en faut point d'autres pour reconnaître la vérité, que la clarté qui l'environne* » (1er Discours)

2. Pascal ne fait ici qu'indiquer sommairement, à propos de la géométrie, les deux objections principales qu'il développe ailleurs tout au long, dans le fragment *de l'esprit géométrique*. Est-ce à la lecture de Montaigne qu'il en aurait été frappé?

aussi peu les principes du vrai que durant le sommeil naturel[1]. C'est ainsi qu'il gourmande si fortement et si cruellement la raison dénuée de la foi, que, lui faisant douter si elle est raisonnable, et si les animaux le sont ou non, ou plus ou moins, il la fait descendre de l'excellence qu'elle s'est attribuée, et la met par grâce en parallèle avec les bêtes, sans lui permettre de sortir de cet ordre jusqu'à ce qu'elle soit instruite par son Créateur même de son rang qu'elle ignore; la menaçant, si elle gronde, de la mettre au-dessous de toutes, ce qui est aussi facile que le contraire; et ne lui donnant pouvoir d'agir cependant que pour remarquer sa faiblesse avec une humilité sincère, au lieu de s'élever par une sotte insolence. »

M. de Saci se croyant vivre dans un nouveau pays et entendre une nouvelle langue, il se disait en lui-même les paroles de saint Augustin : « ô Dieu de vérité! ceux qui savent ces subli-

1. Montaigne avait dit : « *Ceulx qui ont apparié notre vie à un songe ont eu de la raison, à l'adventure, plus qu'ils ne pensoient.... Nostre raison et nostre âme recevant les fantaisies et opinions qui luy naissent en dormant, et auctorisant les actions de nos songes de pareille approbation qu'elle faict celles du iour, pourquoy ne mettons-nous en doubte si nostre penser, nostre agir, est pas un aultre songer, et nostre veiller quelque espece de dormir?* » (*Essais*, liv. II, c. XII) — Et Pascal ailleurs, dans un passage qu'il a barré, il est vrai : « *Enfin, comme on rêve souvent qu'on rêve, entassant un songe sur l'autre, il se peut aussi bien faire que cette vie n'est elle même qu'un songe, sur lequel les autres sont entés, dont nous nous éveillons à la mort, pendant laquelle (laquelle vie) nous avons aussi peu les principes du vrai et du faux que pendant le sommeil naturel.* .. » (Ed. Havet, t. I, p. 113, note.) — Descartes, qui comptait parmi les raisons de douter les illusions des songes, déclare ailleurs : « .... *lorsqu'au milieu de nos songes nous apercevons que nous rêvons, c'est bien un effet de notre imagination de ce que nous rêvons, mais c'est un ouvrage qui n'appartient qu'à l'entendement seul de nous faire apercevoir de nos rêveries.* » (*Rep. aux 5es object.*, 15.)

lités de raisonnement vous sont-ils pour cela plus agréables? » Il plaignait ce philosophe qui se piquait, se déchirait de toutes parts des épines qu'il se formait, comme saint Augustin dit de lui-même, lorsqu'il était en cet état. Après donc avoir écouté tout avec patience, il dit à M. Pascal[1] :

« Je vous suis obligé, monsieur; je suis sûr que si j'avais lu longtemps Montaigne, je ne le connaîtrais pas autant que je fais depuis cet entretien que je viens d'avoir avec vous. Cet homme devrait souhaiter qu'on ne le connût que par les récits que vous faites de ses écrits; et il pourrait dire avec saint Augustin : *Ibi me vides, attende*[2]. Je crois assurément que cet homme avait de l'esprit; mais je ne sais si vous ne lui en prêtez pas un peu plus qu'il n'en a, par cet enchaînement si juste que vous faites de ses principes. Vous pouvez juger qu'ayant passé ma vie comme j'ai fait, on m'a peu conseillé de lire cet auteur, dont tous les ouvrages n'ont rien de ce que nous devons principalement rechercher dans nos lectures. selon la règle de saint Augustin, parce que ses paroles ne paraissent pas sortir d'un grand fond d'humilité et de piété. On pardonnerait à ces philosophes d'autrefois, qu'on nommait Academiciens, de mettre tout dans le doute. Mais qu'avait besoin Montaigne de s'égayer l'esprit en renouvelant une doctrine qui passe maintenant chez les chrétiens pour une folie? C'est le jugement que saint Augustin fait de ces personnes. Car on peut dire après lui de Montaigne, à l'égard de la jeunesse : il met dans tout ce qu'il dit la foi à part; ainsi nous, qui avons la foi, devons de même mettre à part tout ce qu'il dit. Je ne blâme point l'esprit de cet auteur, qui est un grand don de Dieu, mais il pouvait s'en servir mieux, et en faire plutôt un sacrifice à Dieu qu'au démon. A quoi sert un bien, quand on en use si mal? *Quid proderat*, etc.? dit de lui-même ce saint docteur avant sa conversion. Vous êtes heureux, monsieur, de vous être élevé au-dessus de ces personnes qu'on appelle des docteurs, plongés dans l'ivresse de la science, mais

---

1. M. Havet, d'après le manuscrit : « *Après donc une assez longue patience* » J'ai préféré la leçon de Sainte Beuve, d'après son manuscrit (*Port-Royal*, 1867, t II, p 387), qui est aussi celle qu'a suivie l'édit. de 1736 (*Mémoires* de Fontaine, t II, p 64) — M. de Saci, en sa qualité de « sage ecclésiastique », devait savoir écouter patiemment.

2. M. Havet : *ibi me vide, attende*. Sainte Beuve et l'édit. de 1736 donnent *vides*.

qui ont le cœur vide de la vérité[1]. Dieu a répandu dans votre cœur d'autres douceurs et d'autres attraits que ceux que vous trouvez dans Montaigne. Il vous a rappelé de ce plaisir dangereux, *a jucunditate pestiferâ*, dit saint Augustin, qui rend grâces à Dieu de ce qu'il lui a pardonné les péchés qu'il avait commis en goûtant trop les vanités[2]. Saint Augustin est d'autant plus croyable en cela, qu'il était autrefois dans ces sentiments ; et comme vous dites de Montaigne que c'est par ce doute uni-

1 Tel est le texte de M. Havet, d'après le Ms. de la Mazarine Sainte Beuve en donne un autre, d'après son manuscrit, dit il : « .... *parce que ses paroles ne tiennent point de l'humilité et de la piété chrétienne, et qu'elles renversent les fondements de toute connaissance, et par conséquent de la religion même.* (M. de Saci a-t il dit cela ? La religion serait donc intéressée à la défense de la philosophie dogmatique, pour combattre ensemble le pyrrhonisme ?) *C'est ce que ce saint Docteur a reproché à ces philosophes d'autrefois, qu'on nommait Académiciens, et qui voulaient mettre tout dans le doute. Mais qu'avait besoin Montaigne de s'égayer l'esprit en renouvelant une doctrine qui passe avec raison parmi les chrétiens pour une folie? Si on allègue, pour excuser Montaigne, que dans tout ce qu'il dit il met à part la foi, nous qui avons la foi, nous devons mettre à part tout ce que dit Montaigne. Je ne blâme point dans cet auteur l'esprit, qui est un grand don de Dieu; mais il devait s'en servir mieux, et en faire plutôt un sacrifice à Dieu qu'au démon. Pour vous, Monsieur, vous êtes heureux de vous être élevé au-dessus de ces docteurs plongés dans l'ivresse de la science, et qui ont le cœur vide de la vérité ...* » (T. II, p. 388 du *Port-Royal*, 1867) — Dans ce texte, plus court sauf en un passage, qui paraît être une interpolation, on sent un peu d'arrangement, moins de laisser aller, à coup sûr, que dans celui que donne M. Havet. — Malgré le soin que Pascal avait pris de dire que Montaigne parle seulement de la raison *destituée*, *dénuée de la foi*, de la raison *sans la révélation*, M. de Saci ne se laisse pas prendre à cet air de bon apôtre, et semble même railler doucement la candeur de Pascal, qui croit sincères ces déclarations de Montaigne. Ne le traite t-il pas un peu en jeune homme ? Du moins ce qu'il dit là est toujours bon à dire, c'est son expression, *à l'égard de la jeunesse.*

2 Ce rapprochement de Pascal et de saint Augustin permet à M de Saci d'être sévère à l'égard de son pénitent, et de lui faire la leçon comme ce saint Docteur se l'était faite à lui même : qu'il se tienne en garde désormais contre *l'ivresse de la science* où sont plongés ceux qu'on appelle *les docteurs*, qu'il prie Dieu de lui *pardonner les péchés qu'il a commis en goûtant trop à ces vanités*. Lui aussi a *sacrifié au démon.*

versel qu'il combat les hérétiques de son temps, ce fut aussi par ce même doute des Académiciens, que saint Augustin quitta l'hérésie des Manichéens. Depuis qu'il fut à Dieu, il renonça à cette vanité, qu'il appelle sacrilége (et fit ce qu'il dit de quelques autres)[1]; il reconnut avec quelle sagesse saint Paul nous avertit de ne nous pas laisser séduire par ces discours. Car il avoue qu'il y a en cela un certain agrément qui enlève : on croit quelquefois les choses véritables, seulement parce qu'on les dit éloquemment. Ce sont des viandes dangereuses, dit-il, que l'on sert en de beaux plats : mais ces viandes, au lieu de nourrir le cœur, elles le vident[2]. On ressemble alors à des gens qui dorment, et qui croient manger en dormant : ces viandes imaginaires les laissent aussi vides qu'ils étaient[3]. »

M. de Saci dit à M. Pascal plusieurs choses semblables : sur quoi M. Pascal lui dit que, s'il lui faisait compliment de bien posséder Montaigne et de le savoir bien tourner, il pouvait lui dire sans compliment qu'il possédait bien mieux saint Augustin, et qu'il le savait bien mieux tourner, quoique peu avantageusement en faveur du pauvre Montaigne[4]. Il lui parut être extrê-

1. « *Et fit ce qu'il dit de quelques autres* » manque et dans Sainte-Beuve et dans l'edit de 1736 — On voit que la tactique de se servir du scepticisme pour defendre la religion n'est pas nouvelle : Montaigne l'aurait employée avant Pascal, et saint Augustin avant Montaigne. Cependant, si la parfaite bonne foi de saint Augustin et de Pascal ne laisse aucun doute, il n'en est pas de même de celle de Montaigne, et les coups que ce singulier defenseur du christianisme feignait de porter aux adversaires de la religion, atteignaient d'abord, semble t il, ce qu'il pretendait defendre.

2. M. Havet, d'après le Ms de la Mazarine : *elles le séduisent.* — Sainte-Beuve, d'apres son Ms sans doute : *le laissent vide.* L'edit. de 1736 : *le vident* Le P. Desmolets avait mis : *elles le vident.* J'adopte cette correction. *Séduisent* est une repetition de ce qui précède : *laisser séduire par ces discours.* Quant à *le laissent vide,* c'est d'avance l'expression qui va suivre.

3 M de Saci reprend ici pour son compte la comparaison de la vie à un songe, si conforme, en effet, au mysticisme chretien, pour qui la vraie realité n'est pas ce monde d'apparences et d'illusions, mais se trouve hors du temps et dans l'eternité.

4. M. Havet : *en faveur de M. Montaigne.* Mais nulle part Montaigne n'est ainsi traité dans tout l'entretien. Sainte-Beuve dit : *en faveur du pauvre Montaigne,* et suit son Ms, car il continue, en l'expliquant : « *Il (M. Pascal) lui parut être extrêmement édifié de tout ce qu'il (M. de Saci) venait de lui représenter.* » (T. II, p 389, *Port-Royal,* 1867.) L'edit. de 1736

mement édifié de la solidité de tout ce qu'il venait de lui représenter[1]; cependant, étant encore tout plein de son auteur, il ne put se retenir et lui dit :

« Je vous assure, monsieur, que je ne puis voir sans joie dans cet auteur la superbe raison si invinciblement froissée par ses propres armes, et cette révolte si sanglante de l'homme contre l'homme, qui, de la société avec Dieu où il s'élevait par les maximes de la seule raison, le précipite dans la nature des bêtes[1]; et j'aurais aimé de tout mon cœur le ministre d'une si grande vengeance, si, étant disciple de l'Église par la foi, il eût suivi les règles de la morale, en portant les hommes qu'il avait si utilement humiliés à ne pas irriter par de nouveaux crimes celui qui peut seul les tirer de ceux qu'il les a convaincus de ne pouvoir pas seulement connaître[2].

« Mais il agit, au contraire, de cette sorte, en païen.

supprimait les deux *il* et mettait *M. Pascal, M. de Saci.* — M. de Saci avait parlé avec la gravité d'un directeur, malgré tous les ménagements polis dont il se servait. Pascal répond en homme du monde, avec force compliments ; bientôt il s'abandonne à sa verve, et le ton devient cavalier et plaisant par endroits. On voit qu'il n'a pas encore renoncé tout à fait au « pauvre Montaigne », si durement traité par M. de Saci.

1. Sainte-Beuve, d'après son Ms. sans doute : « ... *laquelle, ... de sa faible raison, ... dans la condition des bêtes.* » Et plus bas : *étant humble disciple de l'Église.* (t. II. p. 389, *Port-Royal*, 1867.)

2. Ce passage marque nettement jusqu'où Pascal veut bien suivre Montaigne, et à quel moment il l'abandonne. Sceptique, Pascal consent à l'être juste assez pour humilier la raison humaine, mais pas davantage. Il emprunte au scepticisme de quoi préparer les voies à la religion, ni plus ni moins. Mais il rejette avec horreur les conclusions de Montaigne, et se défend énergiquement d'admettre avec lui les conséquences pratiques que sa théorie semble amener. D'accord avec Montaigne sur les principes spéculatifs, il se sépare de lui sur la morale. Il pense que des mêmes principes, ou peu s'en faut, on doit conclure tout autre chose.

De ce principe, dit-il, que hors de la foi tout est dans l'incertitude, et considérant bien combien il y a que l'on cherche le vrai et le bien sans aucun progrès vers la tranquillité, il conclut qu'on en doit laisser le soin aux autres; et demeurer cependant en repos, coulant légèrement sur les sujets de peur d'y enfoncer en appuyant; et prendre le vrai et le bien sur la première apparence, sans les presser, parce qu'ils sont si peu solides, que, quelque peu qu'on serre la main, ils s'échappent entre les doigts, et la laissent vide. C'est pourquoi il suit le rapport des sens et les notions communes, parce qu'il faudrait qu'il se fît violence pour les démentir, et qu'il ne sait s'il gagnerait, ignorant où est le vrai. Ainsi il fuit la douleur et la mort, parce que son instinct l'y pousse, et qu'il n'y veut pas résister pour la même raison, mais sans en conclure que ce soit de véritables maux, ne se fiant pas trop à ces mouvements naturels de crainte, vu qu'on en sent d'autres de plaisir, qu'on accuse d'être mauvais, quoique la nature parle au contraire. Ainsi, il n'a rien d'extravagant dans sa conduite; il agit comme les autres hommes, et tout ce qu'ils font dans la sotte pensée qu'ils suivent le vrai bien, il le fait par un autre principe, qui est que, les vraisemblances étant pareillement d'un et d'autre côté, l'exemple et la commodité sont les contrepoids qui l'entraînent.

« Il suit donc les mœurs de son pays, parce que la coutume l'emporte[1]. Il monte sur son cheval, comme un homme qui ne serait pas philosophe, parce qu'il le souffre, mais sans croire que ce soit de droit, ne sachant

1. « *Ainsi, je ne suys propre qu'à suyvre et me laisse aysement emporter à la foule : je ne me fie pas assez en mes forces pour entreprendre de commander ni guider ; je suis bien aise de trouver mes pas tracés par les autres.* » (*Essais*, l. II, c. XVII)

pas si cet animal n'a pas, au contraire, celui de se servir de lui. Il se fait aussi quelque violence pour éviter de certains vices, et même il a gardé la fidélité au mariage, à cause de la peine qui suit les désordres [1]; mais si celle qu'il prendrait surpasse celle qu'il évite, il y demeure en repos, la règle de son action étant en tout la commodité et la tranquillité. Il rejette donc bien loin cette vertu stoïque, qu'on peint avec une mine sévère, un regard farouche, des cheveux hérissés, le front ridé et en sueur, dans une posture pénible et tendue, loin des hommes, dans un morne silence, et seule sur la pointe d'un rocher : fantôme, à ce qu'il dit, capable d'effrayer les enfants, et qui ne fait là autre chose, avec un travail continuel, que de chercher le repos où elle n'arrive jamais [2]. La sienne est naïve, familière, plaisante, enjouée,

1. Lequel vaut mieux, cependant, de se conduire de la sorte, *à cause de la peine qui suit les désordres*, ou, comme vient de le dire Montaigne, si injurieusement pour la vertu, *dans la sotte pensée qu'on suit le vrai bien?* -- *Il y demeure*, dans les désordres, comme plus bas : *s'ils ne demeurent dans leurs désordres par lâcheté.* (P. 59, l. 20)

2. Montaigne disait de la *philosophie : « On a grand tort de la peindre inaccessible aux enfans et d'un visage renfroigné, sourcilleux et terrible : qui me l'a masquée de ce faulx visage, pasle et hideux? Il n'est rien plus gay, plus gaillard, plus enjoué, et à peu que je ne die follastre; elle ne prêche que feste et bon temps : une mine triste et transie monstre que ce n'est pas là son giste.* » Et plus loin, parlant de la *vertu* : « *Elle n'est pas, comme dict l'eschole, plantée à la teste d'un mont coupé, raboteux et inaccessible : ceulx qui l'ont approchée, la tiennent, au rebours, logée dans une belle plaine fertile et fleurissante, d'où elle veoid bien soubs soy toutes choses; mais si peut on y arriver, qui en sçait l'addresse, par des routes ombrageuses, gazonnées et doux fleurantes, plaisamment, et d'une pente facile et polie, comme est celle des voutes célestes Pour n'avoir hanté ceste vertu suprême, belle, triumphante, amoureuse, délicieuse pareillement et courageuse, ennemie professe et irréconciliable d'aigreur, de desplaisir, de crainte et de contraincte, ayant pour guide nature, fortune et volupté pour compaignes ; ils sont allés selon leur foiblesse feindre cette sotte image, triste, querel-*

et, pour ainsi dire, folâtre : elle suit ce qui la charme, et badine négligemment des accidents bons ou mauvais, couchée mollement dans le sein de l'oisiveté tranquille, d'où elle montre aux hommes, qui cherchent la félicité avec tant de peine, que c'est là seulement où elle repose, et que l'ignorance et l'incuriosité sont deux doux oreillers pour une tête bien faite, comme il dit lui-même[1].

« Je ne puis pas vous dissimuler, monsieur, qu'en lisant cet auteur et le comparant avec Épictète, j'ai trouvé qu'ils étaient assurément les deux plus illustres défenseurs des deux plus célèbres sectes du monde et les seules conformes à la raison, puisqu'on ne peut suivre qu'une de ces deux routes, savoir : ou qu'il y a un Dieu, et alors il y place son souverain bien; ou qu'il est incertain, et qu'alors le vrai bien l'est aussi, puisqu'il en est incapable[2]. J'ai pris un plaisir extrême à remarquer dans ces

leuse, despite, menaceuse, mineuse, et la placer sur un rochier à l'escart emmy des ronces; fantosme à estonner les gents. » (*Essais*, l. I, c. XXVI.) — Kant cependant se demandera plus tard ce qui fait le plus d'impression sur l'âme de l'enfant, de cette vertu si enjouée et si folâtre, ou du devoir présenté avec toute son austérité ? L'impression que laisse celui-ci est certainement plus forte et plus salutaire : *attirer les enfants par des récompenses sensibles, ce serait*, disait déjà Malebranche, « *corrompre toutes leurs meilleures actions, et les porter plutôt à la sensualité qu'à la vertu.* » (*Rech. de la Vér.*, l. II, c. VIII, fin.)

1. Montaigne : « *Oh! que c'est un doulx et mol chevet et sain que l'ignorance et l'incuriosité à reposer une teste bien faicte !* » (*Essais*, l. III, c. XIII.) On voit que Pascal emprunte çà et là ses citations de Montaigne, et modifie un peu le texte.

2. Texte obscur et peu correct. Voici, avec toutes ses atténuations et ses explications, celui de l'édition de 1730. S'il est plus long, il est aussi plus clair. . « *les deux plus grands défenseurs des deux plus célèbres sectes du monde infidèle, qui sont les seules, entre celles des hommes destitués de la lumière de la religion, dont les opinions soient en quelque sorte liées et conséquentes. Car que peuvent-ils faire que de suivre l'un ou l'autre de ces deux systèmes ? Le premier : il y a un Dieu; donc c'est lui qui a créé l'homme; il l'a fait pour lui-même, il l'a créé tel qu'il doit être pour être juste et pour deve-*

divers raisonnements en quoi les uns et les autres sont arrivés à quelque conformité avec la sagesse véritable qu'ils ont essayé de connaître. Car, s'il est agréable d'observer dans la nature le désir qu'elle a de peindre Dieu dans tous ses ouvrages, où l'on en voit quelque caractère, parce qu'ils en sont les images, combien est-il plus juste de considérer dans les productions des esprits les efforts qu'ils font pour imiter la vérité[1] même en la fuyant, et de remarquer en quoi ils y arrivent et en quoi ils s'en égarent, comme j'ai tâché de faire dans cette étude[2].

« Il est vrai, monsieur, que vous venez de me faire voir admirablement le peu d'utilité que les chrétiens peuvent faire de ces lectures philosophiques. Je ne laisserai pas néanmoins, avec votre permission, de vous en dire en-

nir heureux. L'homme peut donc connaître la vérité, et il est à portée de s'élever par la sagesse jusqu'à Dieu qui est son souverain bien. Second système : l'homme ne peut s'élever jusqu'à Dieu ; ses inclinations contredisent la loi ; il est porté à chercher son bonheur dans les biens visibles, et même en ce qu'il y a de plus honteux. Tout paraît donc incertain, et le vrai bien l'est aussi ; ce qui semble nous réduire à n'avoir ni règle fixe pour les mœurs, ni certitude dans les sciences » (*Mémoires* de Fontaine, t. II, p. 68 9.)

1. Parallélisme ingénieux entre les ouvrages de la nature et les productions de l'esprit humain ; parti qu'on peut tirer des uns et des autres pour la plus grande gloire de Dieu. Pascal se montre ici favorable à la finalité dans le monde physique. Descartes, qui la bannissait de la science, admettait qu'on en fît usage en morale « *Et quoiqu'en matière de morale, où il est souvent permis d'user de conjectures, ce soit quelquefois une chose pieuse de considérer quelle fin nous pouvons conjecturer que Dieu s'est proposée au gouvernement de l'univers, certainement en physique, où toutes choses doivent être appuyées de solides raisons, cela serait inepte.* » (*Rép. aux 5es object.*, 46.)

2. Le procédé de Pascal est éclectique, mais d'un éclectisme chrétien. Il va rechercher les parcelles de vérité qui se trouvent dans les différents systèmes, et sa règle pour les reconnaître et les combiner ensemble est de les rapporter à la doctrine de l'Évangile, qui seule renferme la vérité totale et sans mélange.

core ma pensée, prêt néanmoins de renoncer à toutes les lumières qui ne viendront point de vous, en quoi j'aurai l'avantage, ou d'avoir rencontré la vérité par bonheur, ou de la recevoir de vous avec assurance[1]. Il me semble que la source des erreurs de ces deux sectes[2] est de n'avoir pas su que l'état de l'homme à présent diffère de celui de sa création ; de sorte que l'un, remarquant quelques traces de sa première grandeur, et ignorant sa corruption, a traité la nature comme saine et sans besoin de réparateur, ce qui le mène au comble de la superbe ; au lieu que l'autre, éprouvant la misère présente et ignorant la première dignité, traite la nature comme nécessairement infirme et irréparable, ce qui le précipite dans le désespoir d'arriver à un véritable bien, et de là dans une extrême lâcheté. Ainsi, ces deux états, qu'il fallait connaître ensemble pour voir toute la vérité, étant connus séparément, conduisent nécessairement à l'un de ces deux vices, d'orgueil ou de paresse, où sont infailliblement tous les hommes avant la grâce, puisque s'ils ne demeurent dans leurs désordres par lâcheté, ils

1. « *La recevoir de vous* » est une correction du P. Desmolets. M. Havet met, d'après le Ms., « *la recevoir de lui.* » Mais de qui, *lui?* Au lieu que l'expression *la recevoir de vous* se rapporte bien à ce qui précède. Pascal assure ici son directeur de la soumission complète qu'il aura pour toutes ses paroles. A la fin du fameux billet, daté du 23 novembre 1654, il avait écrit : « *Soumission totale à J. C. et à mon directeur* ». Et Mme Périer, racontant sa mort : « *M. le curé de Saint-Étienne, qui l'a vu dans sa maladie, disait à toute heure : « C'est un enfant ; il est humble, il est soumis comme un enfant.* »

2. L'édit de 1736 interprète : « ... *la source des erreurs des Stoïciens d'une part et des Épicuriens de l'autre* ... » (*Mémoires* de Fontaine, t. II, p. 69.) Texte incorrect, si l'on continue, comme il fait, par *l'un*... *l'autre*. — Mais le Ms que suit M. Havet l'est également : après avoir dit *ces deux sectes*, il continue : *de sorte que l'un*... et *l'autre*. Si l'on tient à être correct, il faut changer ainsi : *l'une*..., *ce qui la mène*... *l'autre*..., *ce qui la précipite*.

en sortent par vanité, tant il est vrai ce que vous venez de me dire de saint Augustin, et que je trouve d'une grande étendue ; car en effet on leur rend hommage en bien des manières[1].

« C'est donc de ces lumières imparfaites qu'il arrive que l'un, connaissant les devoirs de l'homme et ignorant son impuissance, se perd dans la présomption, et que l'autre, connaissant l'impuissance et non le devoir, il s'abat dans la lâcheté ; d'où il semble que[2] l'on formerait en les alliant une morale parfaite. Mais, au lieu de cette paix, il ne resterait[3] de leurs assemblages qu'une guerre et qu'une destruction générale : car l'un établissant la certitude, et l'autre le doute ; l'un la grandeur de l'homme et l'autre sa faiblesse, ils ruinent la vérité aussi bien que la fausseté l'un de l'autre. De sorte qu'ils ne peuvent subsister seuls à cause de leur défaut, ni s'unir à cause de leurs oppositions, et qu'ainsi ils se brisent et s'anéantissent pour faire place à la vérité de l'Évangile. C'est elle qui accorde les contrariétés par un art tout divin, et, unissant tout ce qui est de vrai et chassant[4] tout ce qu'il y a de faux, elle en fait une sa-

1 A quoi se rapporte ce *leur?* Est-ce aux *desordres*, ou n'est-ce pas plutôt aux *vices*, dont il est parle plus haut? Même ainsi, la phrase est peu claire L'edition de 1736 donne : « *par vanité; ainsi ils sont toujours esclaves des esprits de malice a qui, comme le remarque saint Augustin, on sacrifie en bien des manieres* » (*Memoires* de Fontaine, t II, p 70)

2 Je supprime ici, avec l'edit de 1736, comme une glose maladroite : *puisque l'un est la vérité, l'autre l'erreur,...* Le P. Desmolets avait deja corrigé : *l'un conduit à la vérité, l'autre a l'erreur.* Mais, selon Pascal, aucun ne conduit à la verite : tous deux conduisent à l'erreur, Epictete non moins que Montaigne, quoique d'une façon differente

3 L'edit de 1736 · *résulterait*

4. M Havet prefere *chassant* à la leçon même du Ms : *sachant.* Le P. Desmolets et l'edit de 1736 avaient ete deja de cet avis Ajoutons que plus bas (p 65, l. 9) Pascal dira . « . *ces contraires, dont l'un chasse l'orgueil et l'autre la paresse....* »

gesse véritablement céleste, où s'accordent ces opposés, qui étaient incompatibles dans ces doctrines humaines[1]. Et la raison en est que ces sages du monde placent les contraires dans un même sujet, car l'un attribuait la grandeur à la nature et l'autre la faiblesse à cette même nature, ce qui ne pouvait subsister; au lieu que la foi nous apprend à les mettre en des sujets différents : tout ce qu'il y a d'infirme appartenant à la nature, tout ce qu'il y a de puissant appartenant à la grâce[2]. Voilà l'union étonnante et nouvelle qu'un Dieu seul pouvait enseigner, et que lui seul pouvait faire, et qui n'est qu'une image et qu'un effet de l'union ineffable de deux natures dans la seule personne d'un Homme-Dieu[3].

« Je vous demande pardon, monsieur, dit M. Pascal à M. de Saci, de m'emporter ainsi devant vous dans la théologie, au lieu de demeurer dans la philosophie qui était seule mon sujet; mais il m'y a conduit insensiblement; et il est difficile de n'y pas rentrer, quelque vérité qu'on traite, parce qu'elle est le centre de toutes les vérités; ce qui paraît ici parfaitement, puisqu'elle enferme si visiblement toutes celles qui se trouvent dans

1 Apres avoir etabli la *these* (Epictete), l'*antithese* (Montaigne), Pascal opere la *synthese* en invoquant Jesus Christ et l'Evangile Quant aux doctrines humaines, toutes sont impuissantes : les sages du monde, comme dit dedaigneusement Pascal, ne peuvent trouver la verite, chacun a part, ils ne peuvent non plus s'accorder ni même s'entendre entre eux.

2. Voila bien l humilite chretienne elle fait honneur a Dieu de tout ce qu'il y a de bon dans l homme, et n'accuse que soi de toutes ses faiblesses Tout le mal vient de la créature, et tout le bien du Createur

3. Cette theorie des images ou plutôt des *figures* tiendra une tres grande place dans les *Pensees*. Pascal la resume ainsi : « *Dans les Juifs, la verité n'etait que figuree Dans le ciel, elle est decouverte Dans l Église, elle est couverte, et reconnue par le rapport a la figure. La figure a ete faite sur la verite, et la verité a ete reconnue sur la figure* » (Art. XV, 9.)

ces opinions[1]. Aussi je ne vois pas comment aucun d'eux pourrait refuser de la suivre. Car s'ils sont pleins de la pensée de la grandeur de l'homme, qu'en ont-ils imaginé qui ne cède aux promesses de l'Évangile, qui ne sont autre chose que le digne prix de la mort d'un Dieu ? Et, s'ils se plaisent à voir l'infirmité de la nature, leur idée n'égale plus celle de la véritable faiblesse du péché, dont la même mort a été le remède[2]. Ainsi tous y trouvent plus qu'ils n'ont désiré ; et, ce qui est admirable, ils s'y trouvent unis, eux qui ne pouvaient s'allier dans un degré infiniment inférieur[3] ! »

M. de Saci ne put s'empêcher de témoigner à M. Pascal qu'il était surpris de voir comment il savait tourner les choses. Il avoua en même temps que tout le monde n'avait pas le secret comme lui de faire sur ces lectures des réflexions si sages et si élevées. Il lui dit qu'il ressemblait à ces médecins habiles qui, par la manière adroite de préparer les plus grands poisons, en savent tirer les plus grands remèdes. Il ajouta que, quoiqu'il voyait bien, par tout ce qu'il venait de lui dire, que ces lectures lui étaient utiles, il ne pouvait pas croire néanmoins qu'elles fussent avantageuses à beaucoup de gens dont l'esprit se traînerait un peu et n'aurait pas assez d'élévation pour lire ces auteurs et en juger, et savoir tirer les perles du milieu du fumier,

1. La philosophie, pour Pascal, c'est la *philosophie morale*, et celle-ci mène aisément à la théologie. Quant à la *philosophie naturelle*, Pascal paraît s'en être assez peu soucié : quel besoin en avait-il ? la science lui suffisait de ce côté là. — Remarquons aussi que Pascal arrive à la théologie par un progrès régulier de sa pensée, en partant de certaines idées philosophiques, et sans avoir besoin d'une impulsion extérieure. Il s'est converti lui-même, par ses propres réflexions, et ne doit pas sa conversion à autrui.

2. Ainsi l'Évangile enchérit à la fois et sur Épictète et sur Montaigne. Il élève l'homme plus haut que ne pouvait faire Épictète, et l'abaisse et l'humilie bien plus que ne faisait Montaigne.

3. L'Évangile est la vérité suprême, le plus haut degré de vérité. Épictète et Montaigne s'arrêtent à *un degré infiniment inférieur*.

aurum ex stercore Tertulliani, disait un Père. Ce qu'on pouvait bien plus dire à ces philosophes, dont le fumier, par sa noire fumée, pouvait obscurcir la foi chancelante de ceux qui les lisent. C'est pourquoi il conseillerait[1] toujours à ces personnes de ne pas s'exposer légèrement à ces lectures, de peur de se perdre avec ces philosophes, et de devenir la proie des démons et la pâture des vers, selon le langage de l'Ecriture, comme ces philosophes l'ont été[2].

« Pour l'utilité de ces lectures, dit M. Pascal, je vous dirai fort simplement ma pensée. Je trouve dans Épictète un art incomparable pour troubler le repos de ceux qui le cherchent dans les choses extérieures, et pour les forcer à connaître qu'ils sont de veritables esclaves et de misérables aveugles; qu'il est impossible qu'ils trouvent

1. Sainte-Beuve : « ... *avantageuses à beaucoup de gens dont l'esprit n'aurait pas assez d'élévation pour lire ces auteurs et en juger, et pour savoir tirer quelques perles du milieu de ce fumier, d'où il s'élevait même une noire fumée qui pouvait obscurcir la foi chancelante de ceux qui les lisent; que, par cette raison, il conseillerait* » (Cité t. II, p. 390-1, *Port-Royal*, 1867.) — « J'ai respecté les longueurs », ajoute-t-il. On voit qu'au moins dans un autre Ms. que le sien, il y en avait encore plus qu'il ne pensait.

2. Ce jugement de M. de Saci, qui damne et Montaigne et Epictète, n'est-il pas un blâme indirect à l'adresse de Pascal et de sa tentative pour accorder les deux philosophes en les subordonnant à l'Évangile ? M. de Saci, plus tard, aurait-il conseillé à tout le monde la lecture des *Pensées*, quoique le remède y fût placé à côté des deux poisons ? Pascal avait-il choisi le bon moyen de faire accepter le christianisme à tout le monde ? Sauf quelques rares esprits qui ne reculent pas devant un mysticisme aussi hardi, ne pouvait-on craindre que beaucoup ne s'arrêtassent à l'une ou à l'autre des deux doctrines qu'il sacrifie à l'Évangile, soit à la morale d'Epictète, soit plutôt au scepticisme de Montaigne ? Les réserves prudentes de M. de Saci font prévoir et expliquent les coupures, les atténuations que plus tard Arnauld, Nicole et d'autres partisans d'un christianisme plus sensé, feront au texte même de Pascal. — Je maintiens avec le P. Desmolets et l'édit. de 1736 : *la proie des démons* quoique M. Havet donne, d'après le Ms. : *l'objet des démons*. Peut-être faut-il lire : *le jouet des démons*.

autre chose que l'erreur et la douleur qu'ils fuient, s'ils ne se donnent sans réserve à Dieu seul. Montaigne est incomparable pour confondre l'orgueil de ceux qui, hors la foi, se piquent d'une véritable justice; pour désabuser ceux qui s'attachent à leurs opinions, et qui croient[1] trouver dans les sciences des vérités inébranlables; et pour convaincre si bien la raison de son peu de lumière et de ses égarements, qu'il est difficile, quand on fait un bon usage de ces principes, d'être tenté de trouver des répugnances dans les mystères : car l'esprit en est si battu, qu'il est bien éloigné de vouloir juger si l'Incarnation ou le mystère de l'Eucharistie sont possibles : ce que les hommes du commun n'agitent que trop souvent[2].

« Mais si Épictète combat la paresse, il mène à l'orgueil, de sorte qu'il peut être très nuisible à ceux qui ne sont pas persuadés de la corruption de la plus parfaite justice qui n'est pas de la foi[3]. Et Montaigne est abso-

1 L'édit de 1736 ajoute ici : « *indépendamment de l'existence et des perfections de Dieu*. » (T. II, p 72 des *Mémoires de Fontaine*.) Si Pascal a dit cela, il approuvait Descartes qui prétend fonder la certitude de la science sur la souveraine véracité de Dieu ; et il ne blâme que les savants qui croient pouvoir se passer de métaphysique Mais Pascal n'a pas dit cela sans doute

2 Ainsi Pascal ferait lire Épictète aux Mere, aux Miton, aux Desbarreaux, pour leur faire honte de leur conduite et les ramener à des sentiments plus élevés Épictète, joint aux principes d'honnêteté qu'il gardait de l'éducation paternelle, l'aurait empêché lui-même de jouir en paix des plaisirs mondains D'autre part, Montaigne est utile pour rabattre le dogmatisme intempérant que la science produit en quelques uns, et la confiance de ceux qui s'imaginent pouvoir être honnêtes par les seules forces de leur esprit, sans Dieu. — En même temps Pascal livre le secret de la tactique qu'il suivra dans les *Pensées* : il attaquera la science, même la mathématique, non pour la ruiner, mais pour faire voir qu'elle suppose des choses très peu claires, et qu'en définitive il n'est pas plus difficile de croire aux mystères qu'à tant de postulats admis néanmoins sans difficulté

3 Tout homme juste dont la justice ne vient pas de la foi, ne l'est pas d'une façon saine et pure. Sa justice est corrompue.

lument pernicieux à ceux qui ont quelque pente à l'impiété et aux vices. C'est pourquoi ils doivent être réglés avec beaucoup de soin, de discrétion et d'égard à la condition et aux mœurs de ceux à qui on les conseille [1]. Il me semble seulement qu'en les joignant ensemble, elles ne pourraient réussir fort mal [2], parce que l'une s'oppose au mal de l'autre : non qu'elles puissent donner la vertu, mais seulement troubler dans les vices ; l'âme se trouvant combattue par ces contraires, dont l'un chasse l'orgueil, et l'autre la paresse ; et ne pouvant reposer dans aucun de ces vices par ses raisonnements ni aussi les fuir tous. »

Ce fut ainsi que ces deux personnes d'un si bel esprit s'accordèrent enfin au sujet de la lecture de ces philosophes, et se

1 Ainsi Épictète peut être très nuisible, Montaigne est absolument pernicieux. Mais l'apologie que Pascal médite n'est-elle pas dangereuse aussi pour la plupart, et utile seulement à quelques-uns ? Elle fait si grande la part de Montaigne, que beaucoup peuvent être tentés de s'en tenir là. Et en revanche elle ôte à la morale stoïque son autorité sur les âmes. Que restera-t-il à ceux qui, s'arrêtant à cette conclusion négative, n'auront pas la force de suivre Pascal au delà ? Et cette force, ne l'a pas qui veut : c'est Dieu seul qui la donne. — Je ne sais si des deux poisons, Pascal ne regardait pas celui d'Épictète comme le plus dangereux encore, parce qu'il affecte les apparences d'une nourriture saine et fortifiante pour l'âme. Ne dira-t-il pas de la comédie : « C'est une représentation si naturelle et si délicate des passions, qu'elle les émeut et les fait naître dans notre cœur, et surtout celle de l'amour : *principalement lorsqu'on le représente fort chaste et fort honnête ?* Car, plus il paraît innocent aux âmes innocentes, plus elles sont capables d'en être touchées, etc. » (*Pensées*, art. XXIV, 64.)

2 *Réussir*, avoir un *succès*, ou plutôt un *résultat*, bon ou mauvais, n'importe. Dans le sens de *résulter*, Pascal a dit : « De tous les corps ensemble, on ne saurait en faire *réussir* une petite pensée. » (*Pensées*, art. XVII, 1.) Et dans la 11e *Provinciale* : « Quand il s'agirait de convertir toute la terre, il ne serait pas permis de noircir des personnes innocentes, parce qu'on ne doit pas faire le moindre mal pour en faire *réussir* le plus grand bien. » (*Pascal*, éd. Hachette, 1886, t. I, p. 364.)

rencontrèrent au même terme où ils arrivèrent néanmoins d'une manière un peu différente : M. de Saci y étant venu tout d'un coup par la claire vue du christianisme, et M. Pascal n'y étant arrivé qu'après beaucoup de détours, en s'attachant aux principes de ces philosophes.

Lorsque M. de Saci et tout Port-Royal des Champs était ainsi occupé de la joie que causait la conversion de M. Pascal, et qu'on y admirait la force toute-puissante de la grâce, qui avait si humblement soumis cet esprit si élevé de lui-même par une miséricorde dont il y a peu d'exemples, etc.

OPUSCULE III

DE L'ESPRIT GÉOMÉTRIQUE

OPUSCULE III

DE L'ESPRIT GÉOMÉTRIQUE

INTRODUCTION

§ 1. CONJECTURE SUR LA DATE.

En 1654, dans un écrit latin que Pascal adresse à la très célèbre Académie de Mathématique de Paris, *celeberrimæ Mathescos Academiæ Parisiensi*, il énumère ses ouvrages, aussi bien de physique que d'arithmétique et de géométrie. On n'y trouve rien, ce semble, qui se rapporte à un traité *de l'esprit géométrique* ou *de l'art de persuader*. Aussi peut on croire que ni l'un ni l'autre n'étaient encore composés à la date de 1654, du moins en septembre ou octobre; car Pascal y parle de ses inventions sur le calcul des partis, dans les jeux de hasard, et il les communiquait à Fermat dans deux lettres du 29 juillet et du 24 août.

A la fin de cette année 1654 eut lieu la conversion définitive de Pascal. Néanmoins ses directeurs ne pensèrent pas qu'il pût rompre entièrement et tout d'un coup avec des occupations qui avaient été jusque-là presque toute sa vie, et si M. Singlin l'envoya à Port-Royal des Champs, ce fut pour qu'il y rencontrât aussi bien M. Arnauld « qui lui prêterait le collet en ce qui regarde les sciences », que M. de Saci qui devait lui apprendre à les mépriser. Il est donc probable que, toute l'année 1655, Pascal s'entretint encore avec quelques savants solitaires de ces questions qui l'avaient tant passionné lui-même, et qui excitaient vivement leur curiosité.

Ensuite, l'année 1656 et une partie de 1657 furent employées à écrire les *Lettres au Provincial*, puis jusqu'en 1658, quelques-uns des *factums pour les curés de Paris*. Dans le même temps il recueillait différentes pensées pour son grand ouvrage sur la religion chrétienne. Toutefois, en 1658, il revint à la géométrie; après avoir résolu lui-même nombre de problèmes touchant la *roulette*, il les proposa au mois de juin, reçut les solutions de plusieurs mathématiciens en octobre, les examina en novembre, et publia ses propres découvertes au commencement de 1659. Depuis lors, toujours malade, et ne travaillant qu'à se mortifier et s'humilier, il ne paraît plus avoir songé aux sciences profanes. Le 10 août 1660, il écrivait à Fermat qu'il était « dans des études si éloignées de cet esprit-là, qu'à peine se souvient-il qu'il y en ait ». Puis suivirent les persécutions de Port-Royal, avec la mort de sa sœur, en octobre 1661, et Pascal ne tolérait pas qu'on oubliât de si chers intérêts pour d'autres occupations. L'hiver de 1662, lorsque ses amis mettaient la dernière main à leur *Art de penser*, qui parut en juillet, il ne put s'empêcher de dire : « Voilà une belle occupation pour M. Arnauld que de travailler à une Logique ! Les besoins de l'Église demandent tout son travail. » Pascal mourut le 19 août suivant.

Les seuls moments où il ait pu écrire les fragments *de l'esprit géométrique* et *de l'art de persuader* sont donc, ce semble, l'année 1655 ou l'été de 1658.

Cette dernière date est la moins vraisemblable. En effet, si Pascal se remit alors à ses études de géométrie, ce fut pour des motifs de piété, que lui suggérèrent ses amis. Comme il préparait un ouvrage pour prouver la religion chrétienne, il était bon de rappeler aux athées que celui qui prétendait les convaincre était un des premiers géomètres du siècle, peu suspect par conséquent de faiblesse d'esprit ou d'ignorance dans l'art de raisonner. Il n'avait encore publié, comme mathématicien, que son *Essai pour les coniques*, en 1640; le *traité du triangle arithmétique* ne parut qu'en 1665, après sa mort. Les problèmes *sur la roulette* devaient donc établir aux yeux de tous sa réputation de savant. Et ce retour aux études de sa jeunesse causait d'autant moins de scrupule à Pascal pénitent, que tout son dessein en cela ne regardait que la gloire de Dieu. Mais que dire s'il se fût attardé plus que de raison à ces pensées étrangères au salut, s'il eût médité avec complaisance sur les principes et la méthode de ces choses si vaines et si dangereuses? C'eût été cette fois du temps perdu, et surtout injustement dérobé à des travaux qui réclamaient toute son application. Pascal, vraisemblablement, n'aurait pas cru en avoir le droit.

Reste donc l'année 1655. Elle commence par cet *Entretien avec M. de Saci*, où Pascal, tout plein de Montaigne, ne tarit pas d'en parler. Or, il en parle aussi dans les deux fragments que nous étudions, avec la même chaleur d'impression, comme s'il était toujours sous le coup des lectures de celui qu'il appelle dans le second fragment : « l'incomparable auteur de l'*art de conférer* ».

Un peu après, c'est Descartes, dont il plaide chaleureusement la cause, admirant en lui sans réserve l'homme de génie, sinon toujours le philosophe. La nouvelle doctrine obtenait alors grand succès à Port Royal des Champs, patronnée par le duc de Luynes, qui avait traduit les *Méditations*, et accueillie par Arnauld, qui, après avoir fait ses objections, ne pouvait se défendre de quelque indulgence pour une philosophie où il pensait retrouver celle de saint Augustin. C'est peut être même en réponse à cela que Pascal affirme si haut l'originalité de Descartes, eût-il pris, ce qui n'était pas, le *je pense, donc je suis*, dans les ouvrages de ce Père de l'Eglise.

Qui sait, en outre, si ce ne fut pas alors que Pascal, célèbre surtout auprès de ses nouveaux amis « par l'ouverture admirable qu'il avait pour les mathématiques », fit, peut être à leur demande, un *Essai d'eléments de géométrie*, qu'Arnauld, songeant tout d'abord à l'instruction des enfants, trouva confus; mis lui même au defi de faire mieux, il composa a son tour de *Nouveaux éléments de géométrie*, publiés beaucoup plus tard, mais qui sont antérieurs, comme composition, à l'*Art de penser*. Pascal, dit-on, les trouva si clairs qu'il jeta son Essai au feu. Qui sait si les deux fragments de *l'Esprit géométrique* ne devaient pas servir de préface à cet essai, comme Pascal avait écrit déjà une préface sur son *Traité du vide*? Du moins l'expression *eléments de géométrie* se trouve deux fois dans ces fragments, comme s'ils se rapportaient a un ouvrage dont on veut montrer l'importance. Et Arnauld connaissait bien ces deux écrits de Pascal, et les avait vus à part, sans avoir eu besoin de les démêler parmi tant de papiers si laborieusement mis en ordre plus tard pour l'edition des *Pensées*; car il emprunta et à l'un et à l'autre pour sa *Logique* de Port-Royal, publiee en 1662, mais déjà écrite en 1660, et composée peut être dès 1659.

Arnauld se serait souvenu des entretiens et des travaux communs de 1655, sur des matières scientifiques et philosophiques, que Pascal et lui n'eurent guère le loisir de reprendre ensemble depuis lors.

Ajoutons que Pascal parle, sinon avec une envie secrète, du moins avec la juste défiance d'un homme qui n'a pas encore essayé toutes ses forces et qui ne sait jusqu'où elles peuvent aller, de cet *art d'agréer*, où l'on put voir, après les *Provinciales*, qu'il était passé maître. Lui-même en eut conscience plus tard, lorsqu'il égalait la manière d'écrire de Salomon de Tultie, c'est-à-dire la sienne, à celle d'Épictète et de Montaigne, et lorsqu'il parlait plaisamment de cette montre qu'il avait pour juger d'un ouvrage aussi exactement qu'on mesure le temps écoulé depuis une heure ou deux. Mme Périer raconte d'ailleurs qu'à son éloquence naturelle il avait ajouté des règles, qui le rendaient maître de son style. Mais cette tranquille assurance que donne le succès, il ne l'a pas encore dans les deux fragments *de l'esprit géométrique*, où il ne donne des règles que pour convaincre, étant incapable, dit il, d'en donner pour agréer. C'était là un art que lui avait beaucoup vanté, les deux ou trois années précédentes, comme le seul nécessaire, le chevalier de Méré. L'attention de Pascal s'était donc tournée de ce côté. Mais si l'esprit de finesse lui manquait encore, du moins au gré de ce maître si difficile en l'art d'être *honnête homme*, Pascal pouvait lui reprocher de ne pas avoir, lui, l'esprit géométrique. C'était une première revanche Et dans une lettre à Fermat, du 29 juillet 1654, il raconte que Méré ne pouvait comprendre qu'une ligne fût divisible à l'infini. Or, dans le premier de nos deux fragments, il entreprend de démontrer la chose à des gens « fort habiles d'ailleurs », qui ne l'admettent pas : nouvelle preuve que ce fragment et la lettre précédente doivent être à peu près du même temps. Dans une lettre curieuse, Méré lui reproche de n'être pas assez desabusé de l'excellence des mathématiques, de croire qu'un corps, si petit qu'il soit, peut toujours se diviser sans fin, et de ne s'informer que du monde corporel, « comme Descartes, dit il, que vous estimez tant ». — Un jour viendra où Pascal ne menagera pas les injures et à Descartes et à Montaigne ; en attendant, il les aime ou les révère, et si ces sentiments peuvent etonner en lui apres sa conversion, rappelons-nous qu'en 1655 elle était toute récente, et que certaines expressions dures et humiliantes pour la raison de l'homme et pour sa volonté attestent assez dans les mêmes fragments que, s'il parle encore à peu près comme tout le monde, il a donné sans retour au jansénisme sa pensée de derrière la tête.

Ainsi la date de 1655, conjecturée déjà par M. Havet, et à demi par M. Faugère, paraît pour toutes ces raisons la plus vraisemblable. Tout au plus pourrait-on croire que le premier des deux fragments a été composé dès 1654, lorsque Pascal s'occupait de problèmes sur les nombres, et peut-être pour servir de préface à un traité sur le même sujet. Un ou deux indices du moins le donnent à penser. (Voir plus loin, p. 94, note 1, et p. 108, note 1.)

Les deux fragments doivent-ils être réunis? Ils ont été publiés séparément: le second, en 1728, par le P. Desmolets, sous ce titre : *De l'art de persuader;* le premier, par Condorcet d'abord, avec de nombreuses suppressions, dans son édition de 1776, sous ce titre : *De la maniere de prouver la vérité et de l'exposer aux hommes,* puis intégralement par Bossut, dans son édition de 1779, sous le titre de : *Réflexions sur la géométrie en général.* M. Faugère, en 1844, publia le manuscrit de l'abbé Périer, neveu de Pascal, le seul que l'on possède pour ces deux fragments. On n'y trouve qu'un titre: *De l'esprit géométrique.* D'ailleurs Nicole, dans le *premier Discours,* en tête de la *Logique* de Port Royal, parle de deux emprunts qu'on a faits à « un petit écrit non imprimé, qui avait été fait par un excellent esprit (plus tard : feu M. Pascal), et qu'il avait intitulé : *De l'esprit géometrique* ». Or, si l'un des deux emprunts, sur les définitions de noms et les definitions de choses, est du premier fragment, l'autre, sur les cinq règles pour les définitions, axiomes et démonstrations, est bien du second. C'était donc aux yeux de Nicole un seul et même écrit, avec un titre unique. Enfin Pascal lui même, dans le premier, annonce deux sections « dont l'une contiendra les règles de la conduite des démonstrations géométriques,... et la seconde comprendra celles de l'ordre géometrique ». Or, la même division se retrouve dans le deuxième fragment, où, après avoir donné les règles de la démonstration, ce qu'il n'avait pas fait jusque-là, il declare qu'il va « passer à celle de l'ordre dans lequel on doit disposer les propositions pour être dans une suite excellente et géométrique ». Seulement une lacune nous prive de toute cette seconde section.

§ 2. PREMIER FRAGMENT : « DE L'ESPRIT GÉOMÉTRIQUE ».

Le premier fragment se trouvait en 1711 entre les mains du bénédictin dom Touttée : « Cet écrit, dit il dans une lettre à l'abbé Périer, neveu de Pascal, promettant de parler de la méthode des géomètres, en parle à la vérité au commencement, et n'en dit, a mon avis, rien de particulier; mais il s'engage ensuite dans une grande digression sur les deux infinités de grandeur et de petitesse que l'on remarque dans les trois ou quatre choses qui composent toute la nature, et l'on ne comprend pas assez la liaison qu'elle a avec ce qui fait le sujet de l'écrit. » Et dom Touttée propose de couper l'écrit en deux et de faire deux morceaux séparés. Au reste, cette seconde partie lui a paru contenir « beaucoup de belles choses, parmi quelques-unes qui sont assez communes ». Et il voudrait savoir quel serait le sentiment d'un bon mathématicien. comme M. Varignon.

Il semble en effet que Pascal quitte aussitôt son sujet pour en traiter un autre assez voisin. celui des définitions, puis celui de l'ordre véritable, puis celui de la divisibilité à l'infini, sans perdre de vue néanmoins le premier, auquel il finit par revenir. Mais ce qui importe à ses yeux n'est pas tant le sujet lui même que la façon de le traiter : il s'efforce d'entrer, et de faire entrer le lecteur avec lui, dans cet *esprit de netteté* nécessaire à tout le monde et qui appartient, semble t-il, aux seuls géomètres. Et peut-être a-t-il encore un autre dessein, beaucoup plus relevé. En effet, après avoir déclaré qu'il veut « faire entendre ce que c'est que démonstration par l'exemple de celles de géométrie », « mais, dit-il aussitôt, il faut auparavant que je donne l'idée d'une méthode encore plus éminente et plus accomplie ». Elle consisterait « à définir tous les termes et à prouver toutes les propositions ». La géométrie admet certains termes sans définitions et certaines propositions sans preuves, et c'est justement là-dessus qu'elle fonde tout le reste. Mais le dessein de Pascal n'est pas tant de nous apprendre cette autre méthode, qui, il le reconnaît, est impraticable à l'homme, que de désabuser ceux qui s'imaginent que la géométrie est la science parfaite et sans défaut. Telle qu'elle est néanmoins, force est bien de nous en contenter, et c'est assurément de beaucoup ce que l'esprit humain a su trouver de mieux.

Examinant ensuite les principaux objets de la géométrie, qui sont le mouvement, les nombres et l'espace, Pascal n'a point de peine à y découvrir, comme on dirait aujourd'hui, des *antinomies* peut-être insolubles. La science exige que ces trois choses soient indéfiniment divisibles. Mais l'esprit humain ne comprend pas une division à l'infini. Voilà donc les principes mêmes de la géométrie qui se trouvent incompréhensibles! Mais comme le contraire de ces vérités est absurde et ne saurait en aucune sorte être reçu par la raison sans la renverser jusqu'aux fondements, il faut bien que ces vérités soient certaines; on en a au moins une démonstration indirecte, laquelle d'ailleurs laisse subsister au fond de la question une mystérieuse obscurité.

Par là Pascal reconnaît d'abord à la géométrie comme principal objet la considération des infiniment petits Fermat, dans son traité *De maximis et minimis*, s'en était servi déjà avec succès; Pascal s'en servira pour la *roulette*. L'un et l'autre contribuaient ainsi, non moins que Descartes, quoique d'une façon différente, à la prochaine découverte du calcul infinitésimal. Descartes était surtout algébriste. « Sa géométrie, dira Fontenelle, avait mis la construction des problèmes par la resolution des égalites à la mode... Pour Pascal, il tourna ses vues d'un tout autre côté : il examina les courbes en elles-mêmes et sous la forme de polygones,... et par la considération seule de leurs éléments, c'est-à-dire des infiniment petits, il découvrit des méthodes générales. » Sans se servir de l'algèbre, malgré l'extension que lui avait donnée Descartes, Pascal étudiait donc les figures en elles-mêmes, comme si toute sa vie il devait se souvenir de cette première définition de la géométrie que lui avait autrefois donnée son pere : c'est le moyen de faire des figures justes et de trouver les proportions qu'elles ont entre elles.

Mais les infiniment petits plaisaient encore à son imagination pour d'autres causes. En même temps que le géomètre y trouvait des méthodes nouvelles, le chrétien etait heureux d'y rencontrer toujours je ne sais quelle ombre mêlee à la lumière. Sans oser dire que ce fondement de la geométrie était du tout incertain, il n'était pas fâche de le trouver incompréhensible. Montaigne avait reproché à la géométrie l'incertitude de ses principes : c'était trop dire, et l'esprit scientifique de Pascal répugnait au scepticisme qui devait suivre de là. Mais que ces principes soient obscurs en eux-mêmes, sans absurdité toutefois, et la science n'en demeure pas moins possible, bien que avec des restrictions et des réserves. Et Pascal se réjouit de voir notre superbe raison, là même où on la croirait pour ainsi dire dans son fort, forcée de s'avouer impuissante à demi. Il aura beau jeu ensuite de lui proposer les mystères de la religion, lorsque déjà devant ceux de la science, au lieu de s'arrêter court et de reculer, elle passe outre si allègrement. Pourquoi hésiterait-elle, lorsqu'il s'agit des autres ? La difficulté n'est pas plus grande que dans le premier cas, et puisqu'on a si bien commencé, il faut aller jusqu'au bout. Seul un sceptique universel pourrait refuser d'admettre les mystères de la religion, parce qu'il n'admet pas non plus ceux de la science. Mais a-t-il le droit de rejeter ceux-ci, à moins d'extravaguer entièrement ? « Il n'y a jamais eu de pyrrhonien effectif parfait ; » il n'y a que des croyants, dont les uns voudraient croire à la science seulement, et les autres croient en outre à la religion. Mais, comme les raisons de se défier ne sont pas moindres d'un côté que de l'autre, qui n'en tient pas compte d'une part, n'a plus le droit de les alléguer ailleurs ; surtout s'il réfléchit que les raisons de croire sont d'un tout autre ordre, et bien plus puissantes, quand il s'agit de la religion.

Voilà ce que Pascal montre dans les *Pensées*, et laisse entrevoir dans le fragment *de l'esprit géométrique*. Ainsi se réalise déjà une partie du plan annoncé dans l'*Entretien avec M. de Saci* : « Convaincre si bien la raison de son peu de lumière qu'elle ne soit plus tentée de rejeter les mystères, parce qu'elle y trouve des répugnances. » Et les arguments de Montaigne et les mêmes expressions parfois que dans l'*Entretien* reparaissent dans ce fragment, comme s'il avait été composé, en effet, à peu de temps de là. Pascal combat les dogmatistes, si sûrs de leur savoir, en leur opposant un idéal de science vraie dont ils sont incapables, et il leur rappelle rudement « que les hommes sont dans une impuissance naturelle et immuable de traiter quelque science que ce soit dans un ordre absolument accompli ». — « Mais, se hâte-t-il d'ajouter, il ne s'ensuit pas de là qu'on doive abandonner toute sorte d'ordre. Car il y en a... », et il se retourne contre les sceptiques, trop prompts à désespérer de la certitude. Il leur montre « un milieu », où l'on doit se tenir entre l'orgueil qui n'ignore rien et le désespoir qui met tout en doute ; comme il montre ensuite l'homme suspendu entre les deux infinis de grandeur et de petitesse, l'étonnant et l'humiliant, mais aussi le relevant par cette considération merveilleuse : car ces deux infinis, encore l'homme les conçoit-il par la pensée, quoique non entièrement, et s'il laisse là les limites extrêmes qui fuient devant lui, pourrait-on dire, d'une fuite éternelle, tout l'entre deux lui offre encore un assez beau domaine à conquérir.

On comprend là-dessus que même à Port-Royal, en 1655, c'est-à-dire après sa conversion, Pascal ait pu faire sans scrupule des réflexions sur l'*esprit géométrique*. Il avait dès lors, comme plus tard, en 1658, sa pensée de derrière : et de même que ses problèmes de la *roulette* devaient prouver aux athées qu'en lui le chrétien et l'apologiste étaient doublés d'un géomètre; de même ici déjà il faisait servir la science avec ses obscurités, sinon ses incertitudes, à l'établissement de la religion.

§ 3. SECOND FRAGMENT : « DE L'ART DE PERSUADER ».

Le second fragment, qui reprend le dessein annoncé d'abord dans le premier, a été publié en 1728 par le P. Desmolets sous ce titre : *De l'art de persuader*. Persuader, comme l'entend Pascal, veut dire à la fois *agréer* et *convaincre :* agréer au *cœur* ou à la *volonté*, convaincre l'*esprit* ou l'*entendement* de l'homme. Il y a des règles pour l'un et pour l'autre; mais Pascal déclare ne pas connaître celles d'agréer; il en donnera donc seulement pour convaincre. Dans tout ce début, la foi chrétienne, et même janséniste, vient en aide à Pascal et le confirme dans les remarques profondes qu'il fait sur la nature humaine et les conditions qui déterminent notre croyance, dans l'état de péché où nous sommes réduits.

Il expose ensuite la méthode de convaincre, qui est celle des géomètres, et y comprend toute la logique. Les règles du syllogisme, dont il ne dit qu'un mot dédaigneux en passant, ne lui avaient pourtant pas été enseignées à satiété, comme à tant d'autres, par quelque régent de collège, puisque tout ce que Pascal sut jamais de logique, ce fut pour l'avoir appris de son père, dans des entretiens familiers « pendant et après le repas ». Puis, en s'exerçant à des difficultés de géométrie, il soumit lui-même peu à peu son esprit à une discipline, dont plus tard Méré, le parfait mondain, pouvait railler les effets, comme « ces longs raisonnements, tirés de ligne en ligne », mais qui lui assura de bonne heure un singulier avantage dans la dispute, quand il avait à faire prévaloir une vérité. On le vit bien lors de sa querelle avec le P. Noel. Il commence par lui rappeler les règles « qui sont en usage, dit-il, parmi les personnes qui recherchent ce qui est véritablement solide, et qui remplit et satisfait pleinement l'esprit ». C'est de n'affirmer aucune chose qui n'ait une de ces deux conditions : savoir, — ou qu'elle paraisse si clairement et si distinctement d'elle-même au sens ou à la raison, suivant qu'elle est sujette à l'un ou à l'autre, que l'esprit n'ait aucun moyen de douter de sa certitude; — ou qu'elle se déduise par des conséquences infaillibles et nécessaires de principes ou axiomes parfaitement certains. Et lui-même applique d'avance avec exactitude les règles qu'il formulera plus tard dans les fragments qui nous occupent.

Ces paroles de la lettre au P. Noel font songer à Descartes, qui ne reconnaissait aussi que deux voies pour arriver à la vérité, l'*intuition* et la *déduction*. Mais Pascal assigne, plus expressément que Descartes, pour objet à l'intuition les vérités de fait ou qui tombent sous les sens, non moins que les vérités de raison. C'était faire à la physique expérimentale sa place à côté de la pure géométrie, et accorder à l'observation toute simple la même confiance qu'à l'évidence rationnelle. Cette addition si importante, on serait tenté d'en rapporter l'honneur à Bacon, qui avait rejeté le syllogisme pour y substituer l'induction dans les sciences, si l'on ne reconnaissait là plutôt le savant qui venait de faire ses premières expériences sur le vide à Rouen, et méditait celle du Puy-de-Dôme. Par ces moyens nouveaux, plusieurs vérités ne se trouvaient-elles pas établies, et invinciblement, sans le moindre secours de la géométrie?

Au reste, la logique de Pascal rappelle assez celle de Descartes. Toutefois, celui-ci propose surtout une méthode pour découvrir la vérité dans les sciences, tandis que Pascal veut seulement exposer celle-ci d'une manière convaincante, après qu'on l'a découverte. En conséquence, il donne d'abord les règles de la démonstration géométrique, tandis que Descartes insiste avant tout sur l'ordre à garder dans la suite et l'arrangement des propositions. Pascal avait bien aussi le dessein de traiter de « l'ordre méthodique et accompli »; mais il ne l'a point fait, et c'est même une lacune de ce fragment.

A cela près, on retrouve chez l'un et chez l'autre le même mépris pour le syllogisme, la même prédilection pour la méthode des géomètres, la même confiance en elle. Pourtant Descartes l'avait plus grande encore, si l'on en juge du moins par ces deux faits : il ne parle pas d'un *art d'agréer*, aussi nécessaire, dira Pascal, que celui de convaincre, pour persuader l'âme tout entière ; ensuite Malebranche, interprète fidèle de ses sentiments à ce sujet, déclare que « l'arithmétique et l'algèbre sont ensemble la véritable logique qui sert à découvrir la vérité, et à donner à l'esprit toute l'étendue dont il est capable ».

Tout le monde cependant n'approuvait pas la condamnation de l'ancienne logique avec ses distinctions du genre, de l'espèce, etc... et ses règles du syllogisme. Clauberg, en 1654, publiait une Logique ancienne et nouvelle. *Logica vetus et nova*, ou il s'efforçait de tenir entre les deux la balance égale. En 1658, parurent aussi en latin les œuvres de Gassendi ; bien que connaissant, pour s'en être servi, tous les procédés de la science moderne, dans laquelle il fit même plus d'une découverte, il conserve la logique d'autrefois, et y ajoute seulement un chapitre sur la méthode. Arnauld et Nicole ne se montrèrent cartésiens que dans la première et la quatrième partie de leur *Art de penser*, lorsqu'il s'agit de concevoir ou de percevoir juste, et d'ordonner : dans les deux autres, ils traitent encore à l'ancienne mode de la proposition et du raisonnement. Il est vrai qu'ils avertissent qu'on se pouvait contenter de la première et de la quatrième partie, en mettant ainsi la troisième surtout au nombre des choses plus subtiles qu'agréables. Autrefois, disent-ils, en ce qui concerne la logique, les philosophes ne se sont guère appliqués qu'à donner des règles des bons et des mauvais raisonnements, tandis qu'une des parties les plus utiles et les plus importantes de cette science est certainement celle qui regarde la méthode. Et ils rapportent, développent et complètent à ce sujet toutes les idées de Descartes et de Pascal. Pourtant, après eux, Bossuet écrivit une *Logique*, ou l'on retrouve, dans le langage le plus ferme et le plus précis, tous les préceptes de la scolastique, mais à peine quelques mots qui font songer à la réforme cartésienne.

Même ceux qui faisaient à la methode des géomètres sa place, et une place d'honneur, dans la logique, ne s'abusaient pas toujours sur l'universalité prétendue que lui attribuaient Descartes et, par moments aussi, Pascal. Arnauld met le lecteur en garde contre cette illusion, et cela jusque dans la préface de ses *Nouveaux Éléments de géométrie*. Il lui suffit de rappeler la distinction de Pascal lui-même entre l'esprit géométrique et l'esprit de finesse. « Il y a, dit-il, une infinité de choses dont on ne doit pas juger en cette manière (la manière des géomètres), et qui ne peuvent pas être réduites à des demonstrations méthodiques. Et la raison en est, qu'elles ne dépendent pas d'un certain nombre de principes grossiers et certains, comme les vérités mathématiques, mais d'un grand nombre de preuves et de circonstances qu'il faut que l'esprit voie tout d'un coup, et qui, n'étant pas convaincantes séparément, ne laissent pas de persuader avec raison lorsqu'elles sont jointes et unies ensemble. La plupart des matières morales et humaines sont de ce nombre, et il y a même des vérités de la religion qui se prouvent beaucoup mieux par la lumière de plusieurs principes qui s'entr'aident et se soutiennent les uns les autres, que par des raisonnements semblables aux démonstrations géometriques. »

Un peu plus tard, un grand ami de Pascal et de tout Port-Royal, le jurisconsulte Domat, faisait les mêmes réserves à l'égard de la méthode des géomètres. Il ne la croyait pas applicable à tout universellement, et, d'autre part, il recommandait fort, sans doute comme necessaire pour les questions de droit, l'etude du genre, de l'espèce, de la différence, etc., en un mot des cinq universaux. « La Logique, dit-il, en un passage de son *Droit public*, qui parut en 1697, donne la methode de distinguer, de diviser, de définir, c'est-à dire de concevoir l'ordre des choses qui ont entre elles quelque affinité par des caractères qui leur sont communs, ranger chacune avec celles qui sont de son rang et les séparer les unes des autres, donner les idées précises de leurs natures qui consistent en ces caractères qu'elles ont de commun entre elles, et en ceux qui les distinguent; et, pour observer plus exactement cette justesse, cette science enseigne à définir les noms des choses avant que de définir leurs natures, afin d'éviter les obscurités des expressions et les équivoques. »

Mais pour faire à chaque science sa part, et tenir compte des inventions des modernes sans perdre pour cela ce que les anciens avaient laissé d'excellent, il fallait l'étendue et la puissance d'esprit de Leibniz, qui regardait la méthode des géomètres seulement comme « une extension et une promotion particulière » d'une logique plus générale, dans laquelle se trouvaient comprises et les démonstrations des jurisconsultes, surtout des anciens Romains, non moins rigoureuses, pensait-il, que celles d'Euclide, d'Apollonius et d'Archimède, et les expériences constantes qui établissent des vérités générales en physique, en chimie et en histoire naturelle, et même cette autre espèce de logique, qui traite des degres de probabilité, et qui sert aussi bien en histoire, pour vérifier les faits, que dans la procedure juridique où on l'emploie souvent avec un succès presque certain.

DE L'ESPRIT GÉOMÉTRIQUE

On peut avoir trois principaux objets dans l'étude de la vérité : l'un, de la découvrir quand on la cherche ; l'autre, de la démontrer quand on la possède ; le dernier, de la discerner d'avec le faux quand on l'examine[1].

Je ne parle point du premier ; je traite particulièrement du second, et il enferme le troisième. Car, si l'on sait la méthode de prouver la vérité, on aura en même temps celle de la discerner, puisqu'en examinant si la preuve qu'on en donne est conforme aux règles qu'on connaît, on saura si elle est exactement démontrée.

La géométrie, qui excelle en ces trois genres, a expliqué l'art de découvrir les vérités inconnues ; et c'est ce qu'elle appelle *analyse*, et dont il serait inutile de discourir après tant d'excellents ouvrages qui ont été faits[2].

1. De ces trois objets, Descartes s'intéressait surtout au premier. Il donne la méthode « pour bien conduire sa raison et *chercher la vérité dans les sciences* ». Pour la Logique, dit-il, « je pris garde que ses syllogismes et la plupart de ses autres instructions servent *plutôt à expliquer à autrui les choses qu'on sait, ... qu'à les apprendre.* »

2. Arnauld dira, dans la *Logique de Port-Royal* : « Il y a deux sortes de méthode : l'une pour découvrir la vérité, qu'on appelle *analyse* ou *méthode de résolution*, et qu'on peut aussi appeler *méthode d'invention* ; et l'autre pour la faire entendre aux autres, quand on l'a trouvée, qu'on appelle *synthèse* ou *méthode de composition*, et qu'on peut aussi appeler *méthode de doctrine*, » c'est-à dire d'*enseignement*. (4e partie, c. II.) — Quels sont ces *excellents ouvrages* dont parle ici Pascal ? Sans

Celui de démontrer les vérités déjà trouvées et de les éclaircir de telle sorte que la preuve en soit invincible, est le seul que je veux donner; et je n'ai pour cela qu'à expliquer la méthode que la géometrie y observe : car elle l'enseigne parfaitement par ses exemples, quoiqu'elle n'en produise aucun discours. Et parce que cet art consiste en deux choses principales, l'une de prouver chaque proposition en particulier, l'autre de disposer toutes les propositions dans le meilleur ordre, j'en ferai deux sections dont l'une contiendra les règles de la conduite des démonstrations géométriques, c'est à-dire méthodiques et parfaites; et la seconde comprendra celle de l'ordre géométrique, c'est-à-dire méthodique et accompli : de sorte que les deux ensemble enfermeront tout ce qui sera nécessaire pour la conduite du raisonnement à prouver et discerner les vérités, lesquelles j'ai dessein de donner entières[1].

SECTION PREMIÈRE. — *De la méthode des démonstrations géométriques, c'est-à-dire méthodiques et parfaites.*

Je ne puis faire mieux entendre la conduite qu'on doit garder pour rendre les démonstrations convaincantes, qu'en expliquant celle que la géométrie observe[2].

doute ceux des mathématiciens du temps, Fermat, Roberval, et un peu avant Des Argues, de Beaugrand, etc En ce cas, ces ouvrages enseignaient la méthode analytique par des exemples, sans « en produire aucun discours ». — Pascal dit l'*art* de decouvrir, l'*art* de demontrer, comme Port-Royal l'*art* de penser.

1 De ces deux sections, Pascal n'en a donne qu'une entierement, et encore dans l'autre fragment · *de l'art de persuader*, ou il ne fait qu'annoncer la seconde

2 Pascal considere la geometrie comme le plus grand effort de la pensee humaine, du moins le mieux regle et le plus heureux Descartes etait deja de cet avis, pourtant il jugeait la metaphysique superieure encore Mais Leibniz dira « Il y a des exemples assez considerables de demonstrations hors des mathe-

Mais il faut auparavant que je donne l'idée d'une méthode encore plus éminente et plus accomplie, mais où les hommes ne sauraient jamais arriver : car ce qui passe la géométrie nous surpasse ; et néanmoins il est nécessaire d'en dire quelque chose, quoiqu'il soit impossible de le pratiquer[1].

Cette véritable méthode, qui formerait les démonstrations dans la plus haute excellence, s'il était possible d'y arriver, consisterait en deux choses principales : l'une, de n'employer aucun terme dont on n'eût auparavant expliqué nettement le sens ; l'autre, de n'avancer jamais

matiques, et on peut dire qu'Aristote en a donné déjà dans ses *premiers analytiques*. En effet, la logique est aussi susceptible de démonstrations que la géométrie. De plus, on peut dire que les jurisconsultes ont plusieurs bonnes démonstrations, surtout les anciens jurisconsultes romains, dont les fragments nous ont été conservés dans les *Pandectes*. » (*Nouveaux Essais*, l. IV, c. II, § 13.)

1. *Ce qui passe la géométrie nous surpasse.* Platon, qui était pourtant géomètre, n'aurait pas souscrit à ces paroles, et encore moins peut-être Aristote, ni, dans les temps modernes, Descartes, ni Leibniz, deux géomètres aussi. C'est que, en outre, tous étaient *métaphysiciens*, et que Pascal ne l'a pas été. La méthode à suivre en *métaphysique* est assez semblable, d'ailleurs, à celle que Pascal indique ici. — Tout ce qui précède, à partir de : *Je ne puis faire mieux entendre*..., est, dans le manuscrit, sur un papier collé et qui recouvre le paragraphe suivant, sans doute pour l'annuler : ... *est bien plus de réussir à l'une qu'à l'autre, et je n'ai choisi cette science pour y arriver que parce qu'elle seule sait les véritables règles du raisonnement, et, sans s'arrêter aux règles des syllogismes qui sont tellement naturelles qu'on ne peut les ignorer, s'arrête et se fonde sur la véritable méthode de conduire le raisonnement en toutes choses, que presque tout le monde ignore et qu'il est si avantageux de savoir que nous voyons par expérience qu'entre esprits égaux et toutes choses pareilles, celui qui a de la géométrie l'emporte et acquiert une vigueur toute nouvelle.*

« *Je veux donc faire entendre ce que c'est que démonstration par l'exemple de celles de géométrie, qui est presque la seule des sciences humaines qui en produise d'infaillibles, parce qu'elle seule observe la véritable méthode, au lieu que toutes les autres sont par une nécessité naturelle dans quelque sorte de confusion que les seuls géomètres savent extrêmement connaître.* »

aucune proposition qu'on ne démontrât par des vérités déjà connues; c'est-à-dire, en un mot, à définir tous les termes et à prouver toutes les propositions. Mais, pour suivre l'ordre même que j'explique, il faut que je déclare ce que j'entends par *définition*.

On ne reconnaît en géométrie que les seules définitions que les logiciens appellent *définitions de nom*, c'est-à-dire que les seules impositions de nom aux choses qu'on a clairement désignées en termes parfaitement connus; et je ne parle que de celles-là seulement[1].

Leur utilité et leur usage est d'éclaircir et d'abréger le

1. Leibniz distinguera plus tard les *définitions nominales* et les *définitions réelles* ou *causales*. Par exemple, « on peut définir une parabole, que c'est une figure dans laquelle tous les rayons parallèles à une certaine droite sont réunis par la réflexion dans un certain point ou foyer. Mais, c'est plutôt l'*extérieur* et l'*effet* qui est exprimé par cette idée ou définition que l'*essence interne* de cette figure, ou ce qui en puisse faire connaître l'*origine*. *La constitution* est encore cachée. » Ainsi, suivant Leibniz, les définitions de nom servent seulement à faire reconnaître un objet, et se tirent pour cela de l'une de ses propriétés : elles ne sont donc pas entièrement arbitraires. Mais comme un objet a toujours plusieurs propriétés, il peut avoir plusieurs définitions nominales, suivant qu'on s'arrête à l'une ou à l'autre. Au contraire, la définition de chose est unique, parce qu'elle exprime l'essence ou la nature, qui est une en chaque chose. On ne trouve guère de ces définitions qu'en mathématiques; Leibniz voudrait en obtenir, même dans la chimie : « L'essence de l'or, dit-il, est ce qui le constitue et qui lui donne ces qualités sensibles, qui le font reconnaître et qui font sa *définition nominale*, au lieu que nous aurions sa définition *réelle* et *causale*, si nous pouvions expliquer cette contexture ou constitution intérieure. » Ce que Leibniz appelle une définition réelle, Pascal ne l'appelle déjà plus une définition, mais une proposition, parce qu'elle propose en effet quelque chose qui appartient à l'objet, et qui en constitue manifestement l'essence : « La définition réelle, dira aussi Leibniz, fait voir la *possibilité* du défini, et la nominale ne le fait point. » En effet, dans les mathématiques, ne procède-t-on pas ainsi : 1° j'appelle triangle, circonférence, etc. (définition de nom); 2° or, une telle figure est possible, car (définition de chose par l'essence, ou génération, construction de la figure)? Cf. Liard, *Définitions géométriques et définitions empiriques*, Paris, 1874.

discours, en exprimant par le seul nom qu'on impose ce qui ne pourrait se dire qu'en plusieurs termes; en sorte néanmoins que le nom imposé demeure dénué de tout autre sens, s'il en a, pour n'avoir plus que celui auquel on le destine uniquement. En voici un exemple.

Si l'on a besoin de distinguer dans les nombres ceux qui sont divisibles en deux également d'avec ceux qui ne le sont pas, pour éviter de répéter souvent cette condition, on lui donne un nom en cette sorte : j'appelle tout nombre divisible en deux également, *nombre pair*.

Voilà une définition géométrique; parce qu'après avoir clairement désigné une chose, savoir tout nombre divisible en deux également, on lui donne un nom que l'on destitue de tout autre sens, s'il en a, pour lui donner celui de la chose désignée.

D'où il paraît que les définitions sont très libres, et qu'elles ne sont jamais sujettes à être contredites; car il n'y a rien de plus permis que de donner à une chose qu'on a clairement désignée un nom tel qu'on voudra. Il faut seulement prendre garde qu'on n'abuse de la liberté qu'on a d'imposer des noms, en donnant le même à deux choses différentes[1].

Ce n'est pas que cela ne soit permis, pourvu qu'on n'en

1 Pascal se souvient-il ici du temps où, ne sachant pas les noms des figures géométriques, il fut contraint de se faire lui-même des définitions, et appelait un cercle *un rond*, une ligne *une barre*, etc.? — Dans son *Traité du triangle arithmétique*, il commence par définir ce triangle; puis, parlant de certains nombres, « ils n'ont même pas de nom, dit-il, ainsi j'ai été obligé de leur en donner; et parce que ceux de progression, de degré et de puissance sont déjà employés, je me sers de celui d'ordre. J'appelle donc *nombres du premier ordre*, ... *du second*, ... *du troisième* ... » Et ailleurs : « Le mot de *combinaison* a été pris en plusieurs sens différents, de sorte que, pour ôter l'équivoque, je suis obligé de dire comment je l'entends.. »

confonde pas les conséquences et qu'on ne les étende pas de l'une à l'autre.

Mais si l'on tombe dans ce vice, on peut lui opposer un remède très sûr et très infaillible : c'est de substituer mentalement la définition à la place du défini, et d'avoir toujours la définition si présente que toutes les fois qu'on parle, par exemple, de nombre pair, on entende précisément que c'est celui qui est divisible en deux parties égales, et que ces deux choses soient tellement jointes et inséparables dans la pensée, qu'aussitôt que le discours en exprime l'une, l'esprit y attache immédiatement l'autre. Car les géomètres, et tous ceux qui agissent méthodiquement, n'imposent des noms aux choses que pour abréger le discours, et non pour diminuer ou changer l'idée des choses dont ils discourent Et ils prétendent que l'esprit supplée toujours la définition entière aux termes courts, qu'ils n'emploient que pour éviter la confusion que la multitude des paroles apporte.

Rien n'éloigne plus promptement et plus puissamment les surprises captieuses des sophistes que cette méthode, qu'il faut avoir toujours présente et qui suffit seule pour bannir toutes sortes de difficultés et d'équivoques[1].

Ces choses étant bien entendues, je reviens à l'explication du véritable ordre qui consiste, comme je disais, à tout définir et à tout prouver.

Certainement cette méthode serait belle, mais elle est

1. Pascal s'était servi de cette méthode, « qui suffit seule pour bannir toutes sortes de difficultés et d'équivoques, » dans sa polémique avec le P. Noel en 1647-48. Il s'en servit également, d'une façon plaisante, dans la 4e *Provinciale* : « Mon Père, ce mot de *grâce actuelle* me brouille, je n'y suis pas accoutumé : si vous aviez la bonté de me dire la même chose sans vous servir de ce terme . — Oui, dit le Père ; c'est-à dire que vous voulez que je substitue la définition à la place du défini : cela ne change jamais le sens du discours ; je le veux bien . »

absolument impossible; car il est évident que les premiers termes qu'on voudrait définir en supposeraient de précédents pour servir à leur explication, et que de même les premières propositions qu'on voudrait prouver en supposeraient d'autres qui les précédassent; et ainsi il est clair qu'on n'arriverait jamais aux premières.

Aussi, en poussant les recherches de plus en plus, on arrive nécessairement à des mots primitifs qu'on ne peut plus définir, et à des principes si clairs qu'on n'en trouve plus qui le soient davantage pour servir à leur preuve.

D'où il paraît que les hommes sont dans une impuissance naturelle et immuable de traiter quelque science que ce soit dans un ordre absolument accompli [1].

Mais il ne s'ensuit pas de là qu'on doive abandonner toute sorte d'ordre.

Car il y en a un, et c'est celui de la géométrie, qui est à la vérité inférieur en ce qu'il est moins convaincant, mais non pas en ce qu'il est moins certain [2]. Il ne définit pas tout et ne prouve pas tout, et c'est en cela qu'il lui cède; mais il ne suppose que des choses claires et constantes par la lumière naturelle, et c'est pourquoi il est parfaitement véritable, la nature le soutenant au défaut du discours [3].

1 Voilà où Pascal voulait en venir : condamnation de ces dogmatistes, qui n'ignorent rien, et qui regardent leur science comme à l'abri de toute objection. Mais Pascal condamne ensuite les pyrrhoniens, et conclut qu'on doit se tenir dans un certain *milieu* entre ces deux excès, de douter de tout et de n'ignorer rien.

2. Pascal semble opposer ici la certitude de l'*intuition* à celle de la *déduction* ou *démonstration :* dans l'une on verrait les choses tout d'une vue, et, pour ainsi dire, à plein, dans l'autre, la lumière se transporte successivement à toutes les parties, qui ne sont jamais éclairées ensemble, et le point de départ surtout n'apparaît plus clairement.

3. Remarquez ces mots *la lumière naturelle*, *la nature*, que Pascal oppose au *discours*, c'est-à-

Cet ordre le plus parfait entre les hommes consiste, non pas à tout définir ou à tout démontrer, ni aussi à ne rien définir ou à ne rien démontrer, mais à se tenir dans ce milieu de ne point définir les choses claires et entendues de tous les hommes, et de définir toutes les autres; et de ne point prouver toutes les choses connues des hommes, et de prouver toutes les autres. Contre cet ordre pèchent également ceux qui entreprennent de tout définir et de tout prouver, et ceux qui négligent de le faire dans les choses qui ne sont pas évidentes d'elles-mêmes.

C'est ce que la géométrie enseigne parfaitement. Elle ne définit aucune de ces choses, *espace*, *temps*, *mouvement*, *nombre*, *égalité*, ni les semblables qui sont en grand nombre, parce que ces termes-là désignent si naturellement les choses qu'ils signifient, à ceux qui entendent la langue, que l'éclaircissement qu'on en voudrait faire apporterait plus d'obscurité que d'instruction[1].

Car il n'y a rien de plus faible que le discours de ceux qui veulent définir ces mots primitifs. Quelle nécessité y a-t-il, par exemple, d'expliquer ce qu'on entend par le

dire au *raisonnement*, à la *raison raisonnante* et trop souvent *raisonneuse*.

1. Sauf peut être le mot d'*égalité*, qui n'a pas la même signification en géometrie, en arithmétique et en mécanique. Et le mot de *nombre*? Et même celui de *mouvement*? Plus loin, Pascal lui même définira l'*espace* au moyen d'un mot, il est vrai, qui suppose déjà cette notion : « l'*espace*, ou du moins l'*étendue*, est ce qui a diverses *parties* séparées ». Mais ce n'est pas tant une définition *par l'essence* qu'une explication seulement — Pascal ici se souvient de Montaigne, qui déclarait que « nous ne savons pas ce que c'est que *temps*, *espace*, *mouvement*, » « Il examine, dit Pascal, profondément toutes les sciences : la géométrie dont il montre l'incertitude dans les axiomes et dans les termes qu'elle ne définit point, comme d'*étendue*, de *mouvement*, etc. » (Cf. *Entretien avec M. de Saci*, p. 49.)

mot *homme*? Ne sait-on pas assez quelle est la chose qu'on veut désigner par ce terme? Et quel avantage pensait nous procurer Platon, en disant que c'était un animal à deux jambes, sans plumes? Comme si l'idée que j'en ai naturellement, et que je ne puis exprimer, n'était pas plus nette et plus sûre que celle qu'il me donne par son explication inutile et même ridicule; puisqu'un homme ne perd pas l'humanité en perdant les deux jambes, et qu'un chapon ne l'acquiert pas en perdant ses plumes[1].

Il y en a qui vont jusqu'à cette absurdité d'expliquer un mot par le mot même. J'en sais qui ont défini la lumière en cette sorte: *la lumière est un mouvement luminaire des corps lumineux*; comme si on pouvait entendre les mots de *luminaire* et de *lumineux* sans celui de lumière[2].

On ne peut entreprendre de définir l'être sans tomber

1. Le mot *homme* est-il donc un mot primitif, et Pascal condamne-t-il toute tentative de le définir? Ce serait condamner la philosophie elle-même. Mais à la fin de ce fragment, il dira que, par la considération des deux infinis, l'homme apprend à *se connaître*, et surtout à *s'estimer son juste prix*. Plus tard, dans les *Pensées*, ne fera-t-il pas en sorte que son lecteur souhaite, « après avoir connu ce qu'il est, de connaître aussi d'où il vient, et ce qu'il doit devenir » Et il dira un moment comme Descartes: « *Je puis bien concevoir un homme sans mains, pieds, tête, car ce n'est que l'expérience qui nous apprend que la tête est plus nécessaire que les pieds. Mais je ne puis concevoir l'homme sans pensée, ce serait une pierre ou une brute.* » (Art. 1, 2.) — Mais la définition de Platon de « *l'animal à deux jambes sans plumes* », dont Pascal se moque ici, est un souvenir de Montaigne, l. II, c. xii des *Essais*.

2. Cette définition est du P. Noël, à qui Pascal l'avait déjà reprochée: « . . . *Il me semble qu'il faudrait avoir premièrement défini ce que c'est que luminaire, et ce que c'est que corps lucide ou lumineux: car jusque-là je ne puis entendre ce que c'est que lumière. Et comme nous n'employons jamais dans les définitions le terme du défini, j'aurais peine à m'accommoder à la vôtre.* » (*Lettre* du 29 octobre 1647.)

dans cette absurdité : car on ne peut définir un mot sans commencer par celui-ci, *c'est*, soit qu'on l'exprime ou qu'on le sous-entende. Donc, pour définir l'être, il faudrait dire *c'est*, et ainsi employer le mot défini dans sa définition[1].

On voit assez de là qu'il y a des mots incapables d'être définis ; et, si la nature n'avait suppléé à ce défaut par une idée pareille qu'elle a donnée à tous les hommes, toutes nos expressions seraient confuses ; au lieu qu'on en use avec la même assurance et la même certitude que s'ils étaient expliqués d'une manière parfaitement exempte d'équivoques ; parce que la nature nous en a elle-même donné, sans paroles, une intelligence plus nette que celle que l'art nous acquiert par nos explications[2].

Ce n'est pas que tous les hommes aient la même idée de l'essence des choses que je dis qu'il est impossible et inutile de définir.

Car, par exemple, le temps est de cette sorte. Qui le pourra définir ? Et pourquoi l'entreprendre, puisque tous les hommes conçoivent ce qu'on veut dire en parlant de temps, sans qu'on le désigne davantage ? Cependant il y a bien de différentes opinions touchant l'essence du temps. Les uns disent que c'est le mouvement d'une

1. Pascal ici se souvient encore de Montaigne. Dans l'*entretien avec M. de Saci*, il avait dit : « *Qui sait même ce que c'est qu'être, qu'il est impossible de définir, puisqu'il n'y a rien de plus général, et qu'il faudrait, pour l'expliquer, se servir d'abord de ce mot-là même, en disant : C'est?* »

2. Dans le même *entretien*, Pascal disait, allant plus loin avec Montaigne. « *Et puisque nous ne savons ce que c'est qu'âme, corps, temps, espace, ..., ni même être, ni expliquer l'idée que nous nous en formons, comment nous assurerons-nous qu'elle est la même dans tous les hommes...?* » (Cf. ci-dessus, p. 49.)

chose créée; les autres, la mesure du mouvement, etc.[1]. Aussi ce n'est pas la nature de ces choses que je dis qui est connue à tous: ce n'est simplement que le rapport entre le nom et la chose; en sorte qu'à cette expression *temps*, tous portent la pensée vers le même objet; ce qui suffit pour faire que ce terme n'ait pas besoin d'être défini, quoique ensuite, en examinant ce que c'est que le temps, on vienne à différer de sentiment après s'être mis à y penser; car les définitions ne sont faites que pour désigner les choses que l'on nomme et non pas pour en montrer la nature[2].

Ce n'est pas qu'il ne soit permis d'appeler du nom de *temps* le mouvement d'une chose créée; car, comme j'ai dit tantôt, rien n'est plus libre que les définitions.

Mais, en suite de cette définition, il y aura deux choses qu'on appellera du nom de *temps*[3]: l'une est celle que

1. Cette seconde definition est de Descartes (*Principes*, I, 57). Pascal n'admettait pas plus la definition cartésienne du *temps* que celle de la *matière* ou du *corps* par l'*étendue* seulement.

2. On pense aujourd'hui que les definitions, surtout en mathematiques, sont faites « pour montrer la nature des choses », et non pas seulement pour les nommer. — Les mots *nature* et *essence* sont synonymes : « Nous appelons *nature* ou *essence* ce qui constitue la chose, *principium constitutivum*, c'est-à-dire ce qui precisement la fait être ce qu'elle est; par ex., une figure comprise de trois lignes droites est l'*essence* ou la *nature* du triangle Sans cela, le triangle ne peut ni être ni être conçu. . *Propriété*, ce qui suit de la nature : par ex., ses trois angles sont egaux à deux droits... *Accident*, ce qui arrive à la chose, et sans quoi elle peut être : par ex , pour le triangle, être de telle grandeur et en telle situation » (Bossuet, *Logiq* , I, XIV.)

3. Pascal, dans sa polemique avec le P. Noel, fait les mêmes remarques au sujet du mot *corps*. Le P. Noel disait avec Descartes que *tout espace est corps*. Soit; mais le mot *corps* signifie ainsi deux choses : l'une, *ce qui a des parties les unes hors des autres;* l'autre, *une substance materielle, mobile et impenetrable.* Mais on ne peut conclure de cette ressemblance de nom une ressemblance de proprietes entre ces deux choses Il s'ensuit seulement que *tout espace a des parties les unes hors des autres*, mais non pas que *tout espace est materiel*, comme le P. Noel se figure. (*Lettre* à M Le Pail-

tout le monde entend naturellement par ce mot et que tous ceux qui parlent notre langue nomment par ce terme; l'autre sera le mouvement d'une chose créée, car on l'appellera aussi de ce nom suivant cette nouvelle définition.

Il faudra donc éviter les équivoques et ne pas confondre les conséquences. Car il ne s'ensuivra pas de là que la chose qu'on entend naturellement par le mot de *temps* soit en effet le mouvement d'une chose créée. Il a été libre de nommer ces deux choses de même; mais il ne le sera pas de les faire convenir de nature aussi bien que de nom.

Ainsi, si on avance ce discours: *le temps est le mouvement d'une chose créée*, il faut demander ce qu'on entend par ce mot de *temps*, c'est-à-dire si on lui laisse le sens ordinaire et reçu de tous, ou si on l'en dépouille pour lui donner en cette occasion celui de mouvement d'une chose créée. Que si on le destitue de tout autre sens, on ne peut contredire, et ce sera une définition libre en suite de laquelle, comme j'ai dit, il y aura deux choses qui auront le même nom. Mais si on lui laisse son sens ordinaire, et qu'on prétende néanmoins que ce qu'on entend par ce mot soit le mouvement d'une chose créée, on peut contredire. Ce n'est plus une définition libre, c'est une proposition qu'il faut prouver[1], si ce

leur) — On sait que les Cartésiens entendaient par l'*étendue* non seulement l'espace vide ou le lieu des géomètres, mais aussi le corps ou la matière des physiciens, et réduisaient ainsi toutes les questions de physique à des problèmes de géométrie.

1. Ainsi Pascal ne reconnaît en géométrie que des *définitions de nom*. Dans la *Lettre* à M. Le Pailleur, il dit : « *D'abord nous concevons l'idée d'une chose; ensuite nous donnons un nom à cette idée, c'est-à-dire que nous la définissons; et enfin nous cherchons si cette chose est véritable ou fausse. D'où il est évident.... que l'on peut aussi bien définir une chose impossible qu'une*

n'est qu'elle soit très évidente d'elle-même ; et alors ce sera un principe ou un axiome, mais jamais une définition, parce que dans cette énonciation on n'entend pas que le mot de *temps* signifie la même chose que ceux-ci, *le mouvement d'une chose créée*; mais on entend que ce que l'on conçoit par le terme de *temps* soit ce mouvement supposé.

Si je ne savais combien il est nécessaire d'entendre ceci parfaitement, et combien il arrive à toute heure, dans les discours familiers et dans les discours de science, des occasions pareilles à celle-ci que j'ai donnée en exemple, je ne m'y serais pas arrêté. Mais il me semble, par l'expérience que j'ai de la confusion des disputes, qu'on ne peut trop entrer dans cet esprit de netteté pour lequel je fais tout ce traité, plus que pour le sujet que j'y traite[1].

Car combien y a-t-il de personnes qui croient avoir défini le temps quand ils ont dit que c'est la mesure du mouvement, en lui laissant cependant son sens ordinaire? Et néanmoins ils ont fait une proposition, et non pas une définition. Combien y en a-t-il de même qui croient avoir défini le mouvement quand ils ont dit : *mo-*

---

véritable. Ainsi l'on peut appeler un triangle rectiligne et rectangle celui qu'on s'imaginerait avoir deux angles droits, et montrer ensuite qu'un tel triangle est impossible; ainsi Euclide définit d'abord les parallèles, et montre après qu'il peut y en avoir, ainsi la définition du cercle précède le postulatum qui en propose la possibilité.... »

1 *Tout ce traité.* De quel traité est-il question ici? Serait-ce le *traité du triangle arithmétique,* auquel ces pages auraient servi de préface? Serait-ce un *essai des éléments de géométrie?* — Et c'est pour acquérir un *esprit de netteté* qu'on étudie les sciences, plutôt que pour les sciences elles-mêmes. Port Royal dira de même : « *On se sert de la raison comme d'un instrument pour acquérir les sciences, et l'on devrait se servir, au contraire, des sciences comme d'un instrument pour perfectionner sa raison.* » (*Logique,* 1er disc.)

tus nec simpliciter actus, nec mera potentia est, sed actus entis in potentia[1] ! Et cependant s'ils laissent au mot de *mouvement* son sens ordinaire, comme ils font, ce n'est pas une définition, mais une proposition ; et confondant ainsi les définitions qu'ils appellent *définitions de nom*, qui sont les véritables définitions libres, permises et géométriques, avec celles qu'ils appellent *définitions de choses*, qui sont proprement des propositions nullement libres mais sujettes à contradiction, ils s'y donnent la liberté d'en former aussi bien que des autres[2]; et chacun définissant les mêmes choses à sa manière, par une liberté qui est aussi défendue dans ces sortes de définitions que permise dans les premières, ils embrouillent toutes choses, et perdant tout ordre et toute lumière, ils se perdent eux-mêmes et s'égarent dans des embarras inexplicables.

On n'y tombera jamais en suivant l'ordre de la géométrie. Cette judicieuse science est bien éloignée de définir ces mots primitifs, *espace*, *temps*, *mouvement*,

1. Traduction exacte des idées d'Aristote : « *Le mouvement n'est ni simplement un acte, ni une pure puissance, mais la mise en acte de ce qui est en puissance.* » (*Phys.* III, 1 et 2.) Pascal n'admettait pas plus la *Physique* que la *Logique* de l'École, et les ignorait sans doute autant l'une que l'autre, son père ne lui ayant donné sur ces deux objets que quelques connaissances précises, dans des entretiens « pendant et après le repas ».

2. Pascal reconnaît donc des définitions de choses, mais, pour éviter toute équivoque, il les appelle des *propositions*, nullement libres, mais qui doivent exprimer la nature ou l'essence de chaque chose. Il y avait eu de graves abus à ce sujet. Beaucoup, dit Port Royal, « *ayant fait à leur fantaisie cent définitions, non de nom, mais de chose, qui sont très fausses et qui n'expliquent point du tout la vraie nature des choses ni les idées que nous en avons naturellement, ils veulent ensuite que l'on considère ces définitions comme des principes que personne ne peut contredire; et, si quelqu'un les leur nie, comme elles sont très niables, ils prétendent qu'on ne mérite pas de disputer avec eux.* » (*Logique*, partie I, c. XII.)

égalité, *majorité*, *diminution*, *tout*, et les autres que le monde entend de soi-même. Mais, hors ceux-là, le reste des termes qu'elle emploie y sont tellement éclaircis et définis, qu'on n'a pas besoin de dictionnaire pour en entendre aucun ; de sorte qu'en un mot tous ces termes sont parfaitement intelligibles, ou par la lumière naturelle, ou par les définitions qu'elle en donne[1].

Voilà de quelle sorte elle évite tous les vices qui se peuvent rencontrer dans le premier point, lequel consiste à définir les seules choses qui en ont besoin. Elle en use de même à l'égard de l'autre point, qui consiste à prouver les propositions qui ne sont pas évidentes.

Car, quand elle est arrivée aux premières vérités connues, elle s'arrête là et demande qu'on les accorde, n'ayant rien de plus clair pour les prouver: de sorte que tout ce que la géométrie propose est parfaitement démontré, ou par la lumière naturelle, ou par les preuves.

De là vient que si cette science ne définit pas et ne démontre pas toutes choses, c'est par cette seule raison que cela nous est impossible. (Mais comme la nature fournit tout ce que cette science ne donne pas, son ordre à la vérité ne donne pas une perfection plus qu'humaine, mais il a toute celle où les hommes peuvent arriver. Il m'a semblé à propos de donner dès l'entrée de ce discours cette..)[2].

On trouvera peut-être étrange que la géométrie ne

1. Peut-être « tous *ses* termes.

2 Le ms. indique cette parenthese. Pascal revient sur cette idee que notre science la plus haute est encore une science humaine, toute relative à notre esprit, et non pas la science absolue. Il dira de même dans les *Pensees* qu'il y a une disproportion infinie entre notre justice et celle de Dieu. Il n'a jamais cru que « *la raison humaine était au-dessus de toutes choses* », ce qui est le premier postulat des metaphysiciens ; ils disent *la raison*, divine ou humaine, c'est tout un pour eux.

puisse définir aucune des choses qu'elle a pour principaux objets : car elle ne peut définir ni le mouvement, ni les nombres, ni l'espace ; et cependant ces trois choses sont celles qu'elle considère particulièrement, et selon la recherche desquelles elle prend ces trois différents noms de *mécanique*, d'*arithmétique*, de *géométrie*, ce dernier nom appartenant au genre et à l'espèce[1].

Mais on n'en sera pas surpris, si l'on remarque que cette admirable science ne s'attachant qu'aux choses les plus simples, cette même qualité qui les rend dignes d'être ses objets les rend incapables d'être définies ; de sorte que le manque de définition est plutôt une perfection qu'un défaut, parce qu'il ne vient pas de leur obscurité, mais au contraire de leur extrême évidence, qui est telle qu'encore qu'elle n'ait pas la conviction des démonstrations, elle en a toute la certitude[2]. Elle suppose donc que l'on sait quelle est la chose qu'on entend par ces mots, *mouvement*, *nombre*, *espace* ; et, sans s'arrêter à les définir inutilement, elle en pénètre la nature et en découvre les merveilleuses propriétés.

Ces trois choses qui comprennent tout l'univers, selon ces paroles : *Deus fecit omnia in pondere, in numero, et mensura*, ont une liaison réciproque et nécessaire[3].

1. Le nom de *géométrie* n'appartient aujourd'hui qu'à l'espèce ; on ne designe le genre que par celui de *mathématiques*. (E Havet)

2. Même distinction subtile que plus haut : « L'ordre de la géométrie est moins *convaincant* (que lorsque tout se demontre), mais non pas moins *certain*, » p. 88, l. 18.

3 Pascal s'autorise d'une paro[illegible] biblique (*Sagesse*, xi, 21) [illegible] proposer une doctrine qu'il a [illegible] pu si facilement rapporter à Descartes. *Donnez-moi la matière* (l'etendue), disait celui-ci, *et le mouvement, et je vous créerai le monde.* De même Arnauld acceptait d'autres doctrines cartésiennes en s'autorisant de saint Augustin. Pascal d'ailleurs fai[illegible]ait ses reserves (non sans inconsequence) en admettant le mecanisme de Descartes p[illegible] 'explication de tout l'univers : « *Il* [illegible] *dire en gros : cela se fait* [illegible] *gure et mouvement, car cela est* [illegible] *ai. Mais de dire quels,*

Car on ne peut imaginer de mouvement sans quelque chose qui se meuve ; et cette chose étant une, cette unité est l'origine de tous les nombres ; et enfin le mouvement ne pouvant être sans espace, on voit ces trois choses enfermées dans la première.

Le temps même y est aussi compris : car le mouvement et le temps sont relatifs l'un à l'autre; la promptitude et la lenteur, qui sont les différences des mouvements, ayant un rapport nécessaire avec le temps.

Ainsi il y a des propriétés communes à toutes ces choses, dont la connaissance ouvre l'esprit aux plus grandes merveilles de la nature[1].

La principale comprend les deux infinités qui se rencontrent dans toutes : l'une de grandeur, l'autre de petitesse.

Car, quelque prompt que soit un mouvement, on peut en concevoir un qui le soit davantage et hâter encore ce dernier; et ainsi toujours à l'infini, sans jamais arriver à un qui le soit de telle sorte qu'on ne puisse plus y ajouter. Et au contraire, quelque lent que soit un mouvement, on peut le retarder davantage et encore ce dernier; et ainsi

et composer la machine, cela est ridicule; car cela est inutile, et incertain, et pénible. » (Art. XXIV, 100) Pensée qu'il a lui-même barrée d'ailleurs. Et Marguerite Perier rapporte qu'il ne pouvait souffrir sa manière (celle de Descartes) d'expliquer la formation de toutes choses.

1. Pascal, comme Descartes, réunit sous une idée commune toutes les sciences mathématiques, mais son dessein n'est pas le même. « *Voyant*, dit Descartes, *qu'encore que leurs objets soient différents, elles ne laissent pas de s'accorder toutes, en ce qu'elles n'y considèrent autre chose que les divers rapports ou proportions qui s'y trouvent, je pensai qu'il valait mieux que j'examinasse seulement ces proportions en général..* » (*Disc. de la Méth.*, II) Et il crée une science supérieure, qui domine et résume les autres et les dépasse. Pascal considère seulement en toutes ces sciences les deux infinités de grandeur et surtout de petitesse; c'est une autre vue, qui pouvait le mener à de nouvelles méthodes scientifiques, mais aussi, comme il arriva, à des réflexions d'ordre religieux et moral.

à l'infini, sans jamais arriver à un tel degré de lenteur qu'on ne puisse encore en descendre à une infinité d'autres, sans tomber dans le repos.

De même, quelque grand que soit un nombre, on peut en concevoir un plus grand et encore un qui surpasse le dernier ; et ainsi à l'infini, sans jamais arriver à un qui ne puisse plus être augmenté. Et au contraire, quelque petit que soit un nombre, comme la centième ou la dix-millième partie, on peut encore en concevoir un moindre, et toujours à l'infini, sans arriver au zéro ou néant.

Quelque grand que soit un espace, on peut en concevoir un plus grand et encore un qui le soit davantage ; et ainsi à l'infini, sans jamais arriver à un qui ne puisse plus être augmenté. Et au contraire, quelque petit que soit un espace, on peut encore en considérer un moindre, et toujours à l'infini, sans jamais arriver à un indivisible qui n'ait plus aucune étendue.

Il en est de même du temps. On peut toujours en concevoir un plus grand sans dernier, et un moindre sans arriver à un instant et à un pur néant de durée.

C'est-à-dire, en un mot, que quelque mouvement, quelque nombre, quelque espace, quelque temps que ce soit, il y en a toujours un plus grand et un moindre : de sorte qu'ils se soutiennent tous entre le néant et l'infini, étant toujours infiniment éloignés de ces extrêmes.

Toutes ces vérités ne se peuvent démontrer, et cependant ce sont les fondements et les principes de la géométrie. Mais comme la cause qui les rend incapables de démonstration n'est pas leur obscurité, mais au contraire leur extrême évidence, ce manque de preuve n'est pas un défaut, mais plutôt une perfection [1].

1. Donc la géométrie n'est pas tant inferieure à cette methode parfaite que Pascal vantait plus haut. Dans les *Pensées*, il dira : « Cette

D'où l'on voit que la géométrie ne peut définir les objets, ni prouver les principes; mais par cette seule et avantageuse raison, que les uns et les autres sont dans une extrême clarté naturelle, qui convainc la raison plus puissamment que le discours.

Car qu'y a-t-il de plus évident que cette vérité, qu'un nombre, tel qu'il soit, peut être augmenté? Ne peut-on pas le doubler? Que la promptitude d'un mouvement peut être doublée, et qu'un espace peut être doublé de même[1]?

Et qui peut aussi douter qu'un nombre, tel qu'il soit, ne puisse être divisé par la moitié, et sa moitié encore par la moitié? Car cette moitié serait-elle un néant, et comment ces deux moitiés, qui seraient deux zéros, feraient-elles un nombre?

De même, un mouvement, quelque lent qu'il soit, ne peut-il pas être ralenti de moitié, en sorte qu'il parcoure le même espace dans le double de temps, et ce dernier mouvement encore? Car serait-ce un pur repos? Et comment se pourrait-il que ces deux moitiés de vitesse, qui seraient deux repos, fissent la première vitesse?

impuissance (à tout prouver) ne doit donc servir qu'à *humilier la raison qui voudrait juger de tout*, mais non pas à *combattre notre certitude*, comme s'il n'y avait que la raison capable de nous instruire. Plût à Dieu que nous n'en eussions au contraire jamais besoin, et que nous connussions toutes choses par instinct et par sentiment! » (Art VIII, 6) La raison veut dire ici le *raisonnement*, que Pascal appelle encore le *discours*, ou l'*art*, comme s'il y avait là quelque chose d'*artificiel* et de *discursif*, en effet, par opposition à l'intuition de la nature ou du sentiment.

1. Pascal reprend ce qu'il vient de dire une fois déjà sur les deux infinis dans le nombre, le mouvement et l'espace. Mais tout à l'heure il n'en donnait qu'une *simple explication;* maintenant c'est une démonstration qu'il fait, au moins pour l'infini de petitesse, démonstration *par l'absurde* : « Comment ces deux moitiés, *qui seraient deux zéros*, feraient-elles un nombre? etc »

Enfin un espace, quelque petit qu'il soit, ne peut-il pas être divisé en deux, et ces moitiés encore ? Et comment pourrait-il se faire que ces moitiés fussent indivisibles sans aucune étendue, elles qui, jointes ensemble, ont fait la première étendue?

Il n'y a point de connaissance naturelle dans l'homme qui précède celles-là, et qui les surpasse en clarté. Néanmoins, afin qu'il y ait exemple de tout, on trouve des esprits excellents en toutes autres choses, que ces infinités choquent et qui n'y peuvent en aucune sorte consentir.

Je n'ai jamais connu personne qui ait pensé qu'un espace ne puisse être augmenté. Mais j'en ai vu quelques-uns, très habiles d'ailleurs, qui ont assuré qu'un espace pouvait être divisé en deux parties indivisibles, quelque absurdité qu'il s'y rencontre [1].

Je me suis attaché à rechercher en eux quelle pouvait être la cause de cette obscurité, et j'ai trouvé qu'il n'y en avait qu'une principale, qui est qu'ils ne sauraient concevoir un continu divisible à l'infini; d'où ils concluent qu'il n'y est pas divisible [2].

C'est une maladie naturelle à l'homme, de croire qu'il

1. Allusion à Méré, sans doute Pascal écrivait à Fermat, le 29 juillet 1654 : « *M. de Méré a très bon esprit, mais il n'est pas géomètre; c'est, comme vous savez, un grand défaut; et même il ne comprend pas qu'une ligne mathématique soit divisible à l'infini et croit fort bien entendre qu'elle est composée de points en nombre fini, et jamais je n'ai pu l'en tirer; si vous pouviez le faire, on le rendrait parfait.* » Cela concorde bien avec « esprits *excellents en toutes autres choses,.. très habiles d'ailleurs.* » Peut-être aussi Pascal songeait-il à Gassendi, qui était alors à Paris, où il ne mourut que l'année suivante (nov. 1655), et qui avait remis en honneur, avec la philosophie d'Épicure, les indivisibles ou atomes.

2. « Je me suis attaché.. » Dans le fragment qui suit : « Je n'eusse pas eu la peine de *rechercher avec tant de soin* la source de tous les défauts de raisonnement .. » (p. 129).

possède la vérité directement; et de là vient qu'il est toujours disposé à nier tout ce qui lui est incompréhensible; au lieu qu'en effet il ne connaît naturellement que le mensonge, et qu'il ne doit prendre pour véritables que les choses dont le contraire lui paraît faux[1].

Et c'est pourquoi, toutes les fois qu'une proposition est inconcevable, il faut en suspendre le jugement et ne pas la nier à cette marque, mais en examiner le contraire, et si on le trouve manifestement faux, on peut hardiment affirmer la première, tout incompréhensible qu'elle est. Appliquons cette règle à notre sujet[2].

Il n'y a point de géomètre qui ne croie l'espace divisible à l'infini. On ne peut non plus l'être sans ce principe qu'être homme sans âme. Et néanmoins il n'y en a point qui comprenne une division infinie; et l'on ne s'assure de cette vérité que par cette seule raison, mais qui est certainement suffisante, qu'on comprend parfaitement qu'il est faux qu'en divisant un espace, on puisse arriver à une partie indivisible, c'est-à-dire qui n'ait aucune étendue.

Car qu'y a-t-il de plus absurde que de prétendre qu'en divisant toujours un espace, on arrive enfin à une division telle qu'en la divisant en deux, chacune des moi-

1. Et dans les *Pensées* : « ... *Nous connaissons bien le mal et le faux. Mais que dira-t-on qui soit bon? La chasteté? Je dis que non, car le monde finirait. Le mariage? Non, la continence vaut mieux. De ne point tuer?... De tuer?...* » (Art. VI, 60) Vue profonde, et qui s'accorde avec la théorie du péché originel : le premier mouvement de notre nature corrompue serait d'aller droit au mal ou au faux; le second, de le reconnaître comme tel et de s'en détourner; le troisième seulement, de se diriger enfin vers le contraire, c'est-à-dire le vrai et le bien.

2. Leibniz lui-même dira : « *En vertu du principe de la contradiction, nous jugeons faux ce qui en enveloppe, et vrai ce qui est opposé ou contradictoire au faux.* » (*Monad*, 31)

tiés reste indivisible et sans aucune étendue, et qu'ainsi ces deux néants d'étendue fissent ensemble une étendue? Car je voudrais demander à ceux qui ont cette idée s'ils conçoivent nettement que deux indivisibles se touchent : si c'est partout, ils ne sont qu'une même chose et partant les deux ensemble sont indivisibles; et si ce n'est pas partout, ce n'est donc qu'en une partie : donc ils ont des parties, donc ils ne sont pas indivisibles[1].

Que s'ils confessent, comme en effet ils l'avouent quand on les presse, que leur proposition est aussi inconcevable que l'autre, qu'ils reconnaissent que ce n'est pas par notre capacité à concevoir ces choses que nous devons juger de leur vérité, puisque, ces deux contraires étant tous deux inconcevables, il est néanmoins nécessairement certain que l'un des deux est véritable[2].

Mais qu'à ces difficultés chimériques, et qui n'ont de proportion qu'à notre faiblesse, ils opposent ces clartés naturelles et ces vérités solides : s'il était véritable que

1. Voilà le développement de la *démonstration par l'absurde*, que Pascal propose; bien qu'il ait dit d'abord : « Toutes ces vérités *ne se peuvent démontrer* », son esprit de géomètre s'est laissé tenter.

2. Cela serait vrai de deux *contradictoires*, mais non pas de deux *contraires*, qui peuvent être faux à la fois. Exemple : « Tous les hommes sont justes; aucun homme n'est juste. » Mais quand je dis : tous les hommes sont justes, et quelques-uns ne sont pas justes, si l'une des deux propositions est fausse, l'autre est nécessairement vraie. — Kant insistera, dans ses *Antinomies*, sur cette règle de logique, que les deux *contraires* peuvent être faux. — Descartes, dans ses *Principes*, avait dit : « Nous ne nous embarrasserons jamais dans les *disputes de l'infini*; d'autant qu'il serait ridicule que *nous, qui sommes finis*, entreprissions d'en déterminer quelque chose, et par ce moyen *le supposer fini* en tâchant de le comprendre. » (I, 26) Le mot *comprendre* avait pour lui un sens très précis : c'était « *embrasser* et comme *limiter* avec notre entendement. » (*Princ.*, I, 40) Mais là où *comprendre* entièrement est impossible, on peut souvent *apercevoir* quelque chose : « ainsi on peut bien *toucher* une montagne, encore qu'on ne la puisse *embrasser*. » Ed. Garnier, t. II, p. 335-6)

l'espace fût composé d'un certain nombre fini d'indivisibles, il s'ensuivrait que deux espaces, dont chacun serait carré, c'est-à-dire égal et pareil de tous côtés, étant doubles l'un de l'autre, l'un contiendrait un nombre de ces indivisibles double du nombre des indivisibles de l'autre. Qu'ils retiennent bien cette conséquence, et qu'ils s'exercent ensuite à ranger des points en carrés jusqu'à ce qu'ils en aient rencontré deux dont l'un ait le double des points de l'autre; et alors je leur ferai céder tout ce qu'il y a de géomètres au monde. Mais si la chose est naturellement impossible, c'est-à-dire s'il y a impossibilité invincible à ranger des carrés de points, dont l'un en ait le double de l'autre, comme je le démontrerais en ce lieu-là même si la chose méritait qu'on s'y arrêtât, qu'ils en tirent la conséquence[1].

Et pour les soulager dans les peines qu'ils auraient en de certaines rencontres, comme à concevoir qu'un espace ait une infinité de divisibles, vu qu'on les parcourt en si peu de temps [pendant lequel on aurait parcouru cette infinité de divisibles][2], il faut les avertir qu'ils ne doivent pas comparer des choses aussi disproportionnées qu'est l'infinité des divisibles avec le peu de temps où ils sont parcourus : mais qu'ils comparent l'espace entier avec le temps entier, et les infinis divisibles de l'espace avec les infinis instants de ce temps; et ainsi ils trouveront que l'on parcourt une infinité de divisibles n une infinité d'instants, et un petit espace en un petit

1. Pascal applique ici *in concreto*, à l'espace réel et à ses divisions, un théorème d'arithmétique : « *Qu'il n'y a point deux nombres carrés dont l'un soit double de l'autre.* » (*Pensées*, art. VIII, 6.) Cf. les carrés de 2, 4, 8, etc. qui sont 4, 16, 64, etc...

2. Je mets entre crochets ces mots, parce qu'ils n'ajoutent rien au sens et embarrassent plutôt la phrase.

temps; en quoi il n'y a plus la disproportion qui les avait étonnés[1].

Enfin, s'ils trouvent étrange qu'un petit espace ait autant de parties qu'un grand, qu'ils entendent aussi qu'elles sont plus petites à mesure; et qu'ils regardent le firmament au travers d'un petit verre, pour se familiariser avec cette connaissance, en voyant chaque partie du ciel dans chaque partie du verre[2].

Mais s'ils ne peuvent comprendre que des parties si petites qu'elles nous sont imperceptibles puissent être autant divisées que le firmament, il n'y a pas de meilleur remède que de les leur faire regarder avec des lunettes qui grossissent cette pointe délicate jusqu'à une prodigieuse masse; d'où ils concevront aisément que par le secours d'un autre verre encore plus artistement taillé, on pourrait les grossir jusqu'à égaler ce firmament dont ils admirent l'étendue. Et ainsi ces objets leur paraissant

1. Pascal fait remarquer avec raison que les *unités*, dont on se sert dans les deux cas, pour mesurer le *temps* et l'*espace parcouru*, ne sont pas des grandeurs de même espèce. L'une est une grandeur *fixe et bien déterminée*, c'est l'heure, par exemple, pour mesurer le temps. L'autre est une grandeur *variable*, et de plus *toujours aussi petite qu'on veut, et qui décroît indéfiniment* : et c'est avec cela qu'on prétend mesurer l'espace parcouru. Elle se trouve contenue dans cet espace un certain nombre de fois, qui varie lui-même avec cette unité de mesure et qui augmente indéfiniment, sans jamais être fixe, que l'unité ne soit fixe d'abord. Mais on aurait pu mesurer le temps de la même façon, avec une unité de mesure qui décroît indéfiniment, comme on pouvait par contre mesurer l'espace en kilomètres, ou avec telle autre unité fixe et bien déterminée. Pour établir une comparaison, il faut se servir *à la fois*, pour le temps et pour l'espace, ou bien d'une unité fixe, et comparable à ce qu'on veut mesurer, ou bien d'une grandeur variable et qui va décroissant à l'infini.

2. C'est la théorie des *figures semblables* : quelles que soient leurs dimensions, il n'importe, pourvu que le rapport des parties entre elles demeure toujours le même.

maintenant très facilement divisibles, qu'ils se souviennent que la nature peut infiniment plus que l'art[1].

Car enfin qui les a assurés que ces verres auront changé la grandeur naturelle de ces objets; ou s'ils auront au contraire rétabli la véritable, que la figure de notre œil avait changée et raccourcie, comme font les lunettes qui amoindrissent[2].

Il est fâcheux de s'arrêter à ces bagatelles; mais il y a des temps de niaiser.

Il suffit de dire à des esprits clairs, en cette matière, que deux néants d'étendue ne peuvent pas faire une étendue. Mais parce qu'il y en a qui prétendent s'échapper à cette lumière par cette merveilleuse réponse que deux néants d'étendue peuvent aussi bien faire une étendue que deux unités dont aucune n'est nombre font un nombre par leur assemblage; il faut leur repartir qu'ils pourraient oppo-

1 Ce recours aux verres grossissants serait comme une preuve matérielle ou une confirmation expérimentale des raisonnements mathématiques dont Pascal s'est servi jusqu'ici — « La nature peut .. » Et dans les *Pensées* : « Si notre vue s'arrête là, que l'imagination passe outre : *elle se lassera plus tôt de concevoir que la nature de fournir.* » (Art. I, 1.)

2. Malebranche : « Nous sommes très incertains de la *véritable grandeur* des corps que nous voyons, et tout ce que nous en pouvons savoir par notre vue n'est que *le rapport qui est entre eux et le nôtre*, rapport nullement exact . . A cause que les moucherons sont *petits par rapport* à notre corps, la vue nous les fait considerer comme *petits absolument*, et ensuite comme méprisables à cause de leur petitesse, .. comme si les corps pouvaient être *petits en eux-mêmes* ... Tâchons donc de ne point suivre les impressions de nos sens dans le jugement que nous portons de la grandeur des corps ; et quand nous dirons, par exemple, qu'un oiseau est petit, ne l'entendons pas *absolument*, car *rien n'est grand ni petit en soi*. Un oiseau même est grand par rapport à une mouche ; et s'il est petit par rapport à notre corps, il ne s'ensuit pas qu'il le soit absolument, puisque notre corps n'est pas une règle absolue sur laquelle nous devions mesurer les autres. Il est lui-même très petit par rapport à la terre ; et la terre par rapport au cercle que le soleil ou la terre même décrit à l'entour l'un de l'autre... » (*Recherche de la Vérité*, l. I, c. VI, § 2.)

ser de la même sorte, que vingt mille hommes font une armée, quoique aucun d'eux ne soit armée; que mille maisons font une ville, quoique aucune ne soit ville; ou que les parties font le tout, quoique aucune ne soit le tout; ou, pour demeurer dans la comparaison des nombres, que deux binaires font le quaternaire et dix dizaines une centaine, quoique aucun ne le soit.

Mais ce n'est pas avoir l'esprit juste que de confondre par des comparaisons si inégales la nature immuable des choses avec leurs noms libres et volontaires et dépendant du caprice des hommes qui les ont composés. Car il est clair que, pour faciliter les discours, on a donné le nom d'*armée* à vingt mille hommes, celui de *ville* à plusieurs maisons, celui de *dizaine* à dix unités; et que de cette liberté naissent les noms d'*unité, binaire, quaternaire, dizaine, centaine*, différents par nos fantaisies, quoique ces choses soient en effet de même genre par leur nature invariable, et qu'elles soient toutes proportionnées entre elles et ne diffèrent que du plus ou du moins, et quoique, en suite de ces noms, le binaire ne soit pas quaternaire, ni une maison une ville, non plus qu'une ville n'est pas une maison. Mais encore, quoiqu'une maison ne soit pas une ville, elle n'est pas néanmoins un néant de ville; il y a bien de la différence entre n'être pas une chose et en être un néant[1].

1. Pascal parle ici de la *nature immuable, invariable* des nombres, ce qui donne lieu aux définitions géométriques, comme on les entend aujourd'hui. Peut-être aussi répondait-il par là à Méré, qui dans une lettre le rappelait « de ce monde naturel qui tombe sous la connaissance des sens, à un autre invisible, où l'on peut atteindre à la plus haute science. » « Sachez, disait-il, que c'est dans ce monde invisible et d'une étendue infinie qu'on peut découvrir les raisons et les principes des choses, les vérités les plus cachées, *les convenances, les justesses, les proportions*, les vrais originaux et les parfaites idées des choses. » (*Œuvres de Méré*, t. II, p. 60) Pascal connaissait mieux

Car, afin qu'on entende la chose à fond, il faut savoir que la seule raison pour laquelle l'unité n'est pas au rang des nombres est qu'Euclide et les premiers auteurs qui ont traité d'arithmétique, ayant plusieurs propriétés à donner, qui convenaient à tous les nombres hormis à l'unité, pour éviter de dire souvent *qu'en tout nombre, hors l'unité, telle condition se rencontre*, ils ont exclu l'unité de la signification du mot de *nombre*, par la liberté que nous avons déjà dit qu'on a de faire à son gré des définitions. Aussi, s'ils eussent voulu, ils en eussent de même exclu le binaire et le ternaire, et tout ce qu'il leur eût plu; car on en est maître, pourvu qu'on en avertisse : comme au contraire l'unité se met quand on veut au rang des nombres, et les fractions de même. Et, en effet, l'on est obligé de le faire dans les propositions générales, pour éviter de dire à chaque fois *en tout nombre, et à l'unité et aux fractions, une telle propriété se trouve;* et c'est en ce sens indéfini que je l'ai pris dans tout ce que j'en ai écrit[1].

que Mére ce monde intelligible, qui est celui des essences mathématiques ; il savait même le parti que les métaphysiciens prétendent en tirer, quand par les vérités eternelles ils prouvent Dieu : « Le Dieu des chrétiens ne consiste pas en *un Dieu simplement auteur des vérités géométriques* et de l'ordre des eléments : c'est la part des païens ..» (Art XXII, 3, des *Pensées*.)

1. Arnauld expose les mêmes idées, dans la 4e partie de sa *Logique*, c. V, peut-être en souvenir de Pascal : « ... traitant à part ces deux questions, l'une, *si l'unité est nombre*, l'autre, *si l'unité est au nombre ce qu'est le point à la ligne*, il fallait dire, sur la premiere, que ce n'etait qu'une dispute de mots... Mais la seconde... est une dispute de choses: car il est absolument faux que l'unité soit au nombre comme le point est à la ligne; puisque l'unité ajoutée au nombre le fait plus grand, au lieu que le point ajouté à la ligne ne la fait point plus grande. L'unité est partie du nombre, et le point n'est pas partie de la ligne. L'unité ôtée du nombre, le nombre donné ne demeure point ; et le point ôté de la ligne, la ligne donnee demeure. » — *Tout ce que j'en ai écrit*, dit Pascal; dans son *Traité du triangle arithmétique*, sans doute. Nouvel indice que ce fragment devait peut-

Mais le même Euclide qui a ôté à l'unité le nom de *nombre*, ce qui lui a été permis, pour faire entendre néanmoins qu'elle n'en est pas un néant[1], mais qu'elle est au contraire du même genre, il définit ainsi les grandeurs homogènes. *Les grandeurs*, dit-il, *sont dites être de même genre, lorsque l'une étant plusieurs fois multipliée peut arriver à surpasser l'autre;* et par conséquent, puisque l'unité peut, étant multipliée plusieurs fois, surpasser quelque nombre que ce soit, elle est de même genre que les nombres précisément par son essence et par sa nature immuable, dans le sens du même Euclide qui a voulu qu'elle ne fût pas appelée *nombre*.

Il n'en est pas de même d'un indivisible à l'égard d'une étendue. Car non seulement il diffère de nom, ce qui est volontaire, mais il diffère de genre, par la même définition, puisqu'un indivisible, multiplié autant de fois qu'on voudra, est si éloigné de pouvoir surpasser une étendue, qu'il ne peut jamais former qu'un seul et unique indivisible; ce qui est naturel et nécessaire, comme il est déjà montré. Et comme cette dernière preuve est fondée sur la définition de ces deux choses, *indivisible* et *étendue*, on va achever et consommer la démonstration[2].

Un indivisible est ce qui n'a aucune partie, et l'étendue est ce qui a diverses parties séparées[3].

être servir de préface au traité. Voir plus haut, p. 94, *note* 1.

1. « Elle n'*en* est pas un néant », un néant de nombre, comme plus haut, un néant de ville, un néant d'étendue.

2. Ce qui suit est un modèle de *démonstration* mathématique, au moyen de *définitions* et d'*axiomes*, et peut servir à comprendre aussi les démonstrations *métaphysiques* de Spinoza surtout, et parfois de Descartes et de Leibniz. La géométrie avait imposé sa forme à tous ces grands esprits.

3. Cette définition de l'étendue est la même que Pascal rappelait en 1647-8, dans sa dispute contre le P. Noel, qui identifiait l'étendue avec la matière ou le corps : ce *qui*

Sur ces définitions, je dis que deux indivisibles étant unis ne font pas une étendue.

Car quand ils sont unis, ils se touchent chacun en une partie; et ainsi les parties par où ils se touchent ne sont pas séparées, puisque autrement elles ne se toucheraient pas. Or, par leur définition, ils n'ont point d'autres parties; donc ils n'ont pas de parties séparées; donc ils ne sont pas une étendue, par la définition de l'étendue qui porte la séparation des parties.

On montrera la même chose de tous les autres indivisibles qu'on y joindra, par la même raison. Et partant un indivisible, multiplié autant qu'on voudra, ne fera jamais une étendue. Donc il n'est pas de même genre que l'étendue, par la définition des choses du même genre.

Voilà comment on démontre que les indivisibles ne sont pas de même genre que les nombres. De là vient que deux unités peuvent bien faire un nombre, parce qu'elles sont de même genre; et que deux indivisibles ne font pas une étendue, parce qu'ils ne sont pas de même genre.

D'où l'on voit combien il y a peu de raison de comparer le rapport qui est entre l'unité et les nombres à celui qui est entre les indivisibles et l'étendue[1].

Mais si l'on veut prendre dans les nombres une comparaison qui représente avec justesse ce que nous considérons dans l'étendue, il faut que ce soit le rapport du zéro aux nombres; car le zéro n'est pas du même genre que les nombres, parce qu'étant multiplié, il ne

a des parties les unes hors des autres.

1. Non content de répondre par une *démonstration* à ceux qui lui opposaient une simple *comparaison*, Pascal les combat ensuite avec leurs propres armes, c.-à-d. par une comparaison plus exacte que la leur.

peut les surpasser : de sorte que c'est un véritable indivisible de nombre, comme l'indivisible est un véritable zéro d'étendue. Et on en trouvera un pareil entre le repos et le mouvement, et entre un instant et le temps; car toutes ces choses sont hétérogènes à leurs grandeurs, parce qu'étant infiniment multipliées, elles ne peuvent jamais faire que des indivisibles, non plus que les indivisibles d'étendue, et par la même raison[1]. Et alors on trouvera une correspondance parfaite entre ces choses ; car toutes ces grandeurs sont divisibles à l'infini, sans tomber dans leurs indivisibles, de sorte qu'elles tiennent toutes le milieu entre l'infini et le néant[2].

Voilà l'admirable rapport que la nature a mis entre ces choses, et les deux merveilleuses infinités qu'elle a proposées aux hommes, non pas à concevoir, mais à admirer[3]; et pour en finir la considération par une dernière remarque, j'ajouterai que ces deux infinis, quoique infiniment différents, sont néanmoins relatifs l'un à l'autre, de telle sorte que la connaissance de l'un mène nécessairement à la connaissance de l'autre[4].

1. « Toutes ces choses sont *hétérogenes à leurs grandeurs.* » Pascal avait dit jusque-là *d'un autre genre* ou *du même genre.* — « *Leurs grandeurs* », c'est-a-dire aux grandeurs qui y correspondent dans chaque categorie, celle de l'etendue, du temps, du mouvement, du nombre. *Grandeur* ici veut dire tout ce qui est susceptible d'une augmentation ou d'une diminution exactement mesurable par les procedes scientifiques.

2. « *Leurs indivisibles* », comme plus haut « *leurs grandeurs* »; les indivisibles qui correspondent à chaque categorie, l'instant à celle du temps, le point à la ligne, ou à celle de l'espace, etc.

3. Ou plutôt « non pas à *comprendre* », en prenant ce mot au sens precis que Descartes lui donne. Car on en *conçoit* bien ou on en *aperçoit* quelque chose. Kant fera une distinction semblable entre *erkennen* (connaître veritablement, comme dans la science) et *denken* (penser seulement, mais par une nécessite invincible de notre raison) Voir plus haut, p. 103, *note 2*.

4. Par cette derniere considération, Pascal va repondre à ceux qui admettent bien l'un des deux infinis, celui de grandeur, mais rejet-

Car, dans les nombres, de ce qu'ils peuvent toujours être augmentés il s'ensuit absolument qu'ils peuvent toujours être diminués, et cela clairement; car, si l'on peut multiplier un nombre jusqu'à cent mille, par exemple, on peut aussi en prendre une cent millième partie, en le divisant par le même nombre qu'on le multiplie; et ainsi tout terme d'augmentation deviendra terme de division, en changeant l'entier en fraction. De sorte que l'augmentation infinie enferme nécessairement aussi la division infinie.

Et dans l'espace le même rapport se voit entre ces deux infinis contraires, c'est-à-dire que, de ce qu'un espace peut être infiniment prolongé, il s'ensuit qu'il peut être infiniment diminué, comme il paraît en cet exemple : si on regarde au travers d'un verre un vaisseau qui s'éloigne toujours directement, il est clair que le lieu du diaphane, où l'on remarque un point tel qu'on voudra du navire, haussera toujours par un flux continuel, à mesure que le vaisseau fuit. Donc, si la course du vaisseau est toujours allongée et jusqu'à l'infini, ce point haussera continuellement, et cependant il n'arrivera jamais à celui où tombera le rayon horizontal mené de l'œil au verre, de sorte qu'il en approchera toujours sans

tent l'autre, celui de petitesse. Il a déjà montré que ce qui n'est point divisible n'est point multipliable : un indivisible d'étendue, de nombre, bien qu'on l'ajoute indéfiniment à lui-même, ne donnera jamais une étendue, un nombre. Il montre ensuite que, réciproquement, tout ce qui est multipliable est divisible ; donc où se trouve l'infini en grandeur, là se trouve également l'infini en petitesse. Qui peut prendre le double d'une chose, en peut prendre la moitié : multiplier et diviser, c'est additionner et soustraire ; « les *multiplications* et les *divisions*, dira Malebranche d'après Descartes, ne sont que des *additions* et des *soustractions* composées » Réduit à ces termes, le problème se résout sans peine : ces deux opérations inverses l'une de l'autre sont toujours possibles à la fois dans le même sujet.

y arriver jamais, divisant sans cesse l'espace qui restera sous ce point horizontal, sans y arriver jamais[1]. D'où l'on voit la conséquence nécessaire qui se tire de l'infinité de l'étendue du cours du vaisseau à la division infinie et infiniment petite de ce petit espace restant au-dessous de ce point horizontal.

Ceux qui ne seront pas satisfaits de ces raisons, et qui demeureront dans la créance que l'espace n'est pas divisible à l'infini, ne peuvent rien prétendre aux démonstrations géométriques ; et, quoiqu'ils puissent être éclairés en d'autres choses, ils le seront fort peu en celles-ci ; car on peut aisément être très habile homme et mauvais géomètre[2].

Mais ceux qui verront clairement ces vérités pourront admirer la grandeur et la puissance de la nature dans cette double infinité qui nous environne de toutes parts, et apprendre par cette considération merveilleuse à se

1. Après la preuve mathématique, Pascal ajoute une sorte de preuve expérimentale Mais il l'interprète à sa façon. Tient-il compte d'abord, dans son exemple, de la rotondité de la terre ? Il ne semble pas. Autrement le rayon visuel, qui est mené horizontalement, se trouverait tangent à la surface courbe de la mer en un point de l'horizon, et lorsque le vaisseau serait arrivé à ce point, la ligne qu'il a tracée rejoindrait l'extrémité de ce rayon Mais Pascal semble supposer que la surface de la mer est plane. Alors il n'y a plus d'horizon fixe; il y en a un cependant, si l'on veut, qui est déterminé par la faible portée de notre vue; mais si cette portée augmentait, l'horizon s'étendrait à mesure. et le rayon visuel horizontal se haussant peu à peu ne pourrait jamais être rejoint par la ligne que trace le vaisseau; celle-ci s'en rapprocherait toujours, sans jamais l'atteindre, et pour une bonne raison, c'est que, sur cette surface plane, l'horizon recule sans cesse à l'infini.

2. Pascal insiste : « *Ceux qui... ne peuvent rien prétendre aux démonstrations géométriques.* » Il avait dit plus haut : « *Toutes ces vérités ne se peuvent démontrer; et cependant ce sont les fondements et les principes de la géométrie.* » (P. 99) Et encore : « *Il n'y a point de géomètre qui ne croie l'espace divisible à l'infini. On ne peut non plus l'être sans ce principe qu'être homme sans âme.* » (P. 102)

connaître eux-mêmes, en se regardant placés entre une infinité et un néant d'étendue, entre une infinité et un néant de nombre, entre une infinité et un néant de mouvement, entre une infinité et un néant de temps. Sur quoi on peut apprendre à s'estimer son juste prix, et former des réflexions qui valent mieux que tout le reste de la géométrie même[1].

J'ai cru être obligé de faire cette longue considération en faveur de ceux qui, ne comprenant pas d'abord cette double infinité, sont capables d'en être persuadés. Et quoiqu'il y en ait plusieurs qui aient assez de lumière pour s'en passer, il peut néanmoins arriver que ce discours qui sera nécessaire aux uns, ne sera pas entièrement inutile aux autres.

1. Pascal ne fait qu'indiquer ici e côté religieux et moral de ces considérations scientifiques. Cf Art. I, 1, des *Pensées*.

(DE L'ART DE PERSUADER)

L'art de persuader a un rapport nécessaire à la manière dont les hommes consentent à ce qu'on leur propose, et aux conditions des choses qu'on veut faire croire[1].

Personne n'ignore qu'il y a deux entrées par où les opinions sont reçues dans l'âme, qui sont ses deux principales puissances : l'entendement et la volonté. La plus naturelle est celle de l'entendement, car on ne devrait jamais consentir qu'aux vérités démontrées ; mais la plus ordinaire, quoique contre la nature, est celle de la volonté ; car tout ce qu'il y a d'hommes sont presque toujours emportés à croire non pas par la preuve, mais par l'agrément. Cette voie est basse, indigne, et étrangère : aussi tout le monde la désavoue. Chacun fait profession de ne croire et même de n'aimer que ce qu'il sait le mériter[2].

1. Les *conditions*, Pascal dira plus loin « les *qualités* des choses que nous devons persuader ». Il distingue ici l'homme, ou le *sujet* à qui le discours s'adresse, et la chose, ou ce qui est l'*objet* de ce discours. « *L'éloquence*, dit-il ailleurs, *consiste dans une correspondance qu'on tâche d'établir entre l'esprit et le cœur de ceux à qui l'on parle d'un côté, et de l'autre les pensées et les expressions dont on se sert; ce qui suppose qu'on aura bien étudié le cœur de l'homme pour en savoir tous les ressorts et pour trouver ensuite les justes proportions du discours qu'on veut y assortir.* » (Art XXIV, 87, des *Pensées*)

2. On songe d'abord à Descartes, qui « rapporte toutes les façons de penser à deux generales, dont l'une consiste à *apercevoir par l'entendement*, et l'autre à se *déterminer*

Je ne parle pas ici des vérités divines, que je n'aurais garde de faire tomber sous l'art de persuader, car elles sont infiniment au-dessus de la nature : Dieu seul peut les mettre dans l'âme, et par la manière qu'il lui plait[1]. Je sais qu'il a voulu qu'elles entrent du cœur dans l'esprit, et non pas de l'esprit dans le cœur, pour humilier cette superbe puissance du raisonnement qui prétend devoir être juge des choses que la volonté choisit, et pour guérir cette volonté infirme qui s'est toute corrompue par ses sales attachements. Et de là vient qu'au lieu qu'en parlant des choses humaines on dit qu'il faut les connaître avant que de les aimer, ce qui a passé en proverbe, les saints au contraire disent en parlant des choses divines qu'il faut les aimer pour les connaître, et qu'on

par la volonté. » (*Principes*, I, 32) Mais Descartes attribue à la volonté seule le jugement vrai ou faux : l'entendement ne fait que proposer, la volonte dispose. Cette theorie ne se trouve pas clairement dans Pascal. En outre par entendement et volonté, il veut dire l'*esprit* et le *cœur*, « qui sont comme les deux portes par où les vérites sont reçues dans l'âme ». Or, le cœur est corrompu, la volonte est infirme par suite du péché originel : ce n'est pas là que se trouve l'homme veritable, il est tout entier dans l'esprit ou dans l'entendement, que Pascal regarde ici comme sa vraie *nature*, ou son essence : le reste lui est *étranger*, *contre sa nature*. — Cependant on se decide d'ordinaire par la, mais on n'ose pas l'avouer, on cherche ailleurs de bonnes raisons, par une sorte d'hypocrisie, qui est un hommage que le vice rend à la vertu, ou plutôt la partie inférieure de nous-mêmes à la partie superieure.

1. Ce paragraphe et le suivant forment une parenthèse. Pascal n'a jamais varié sur les vérités divines : elles sont infiniment au-dessus de la nature, c'est-à-dire de la raison. Voilà, semble-t-il, qui condamne à l'avance sa propre tentative de *persuader* la religion chrétienne. Mais il ne prétendra pas non plus en donner une demonstration. Il cherchera seulement à mettre l'âme dans un tel état, que la grâce d'en haut survenant trouve tout prépare pour la recevoir. Si la raison se démontrait la religion à elle-même, elle s'en attribuerait tout l'honneur, et ne rendrait plus à Dieu l'hommage qui convient. Aussi « *Dieu veut plus disposer la volonté que l'esprit. La clarté parfaite servirait à l'esprit et nuirait à la volonté. Abaisser la superbe.* » (*Pensées*, art. XX, 3)

n'entre dans la vérité que par la charité, dont ils ont fait une de leurs plus utiles sentences.

En quoi il paraît que Dieu a établi cet ordre surnaturel et tout contraire à l'ordre qui devait être naturel aux hommes dans les choses naturelles. Ils ont néanmoins corrompu cet ordre en faisant des choses profanes ce qu'ils devaient faire des choses saintes, parce qu'en effet nous ne croyons presque que ce qui nous plaît. Et de là vient l'éloignement où nous sommes de consentir aux vérités de la religion chrétienne tout opposée à nos plaisirs. Dites-nous des choses agréables et nous vous écouterons, disaient les Juifs à Moïse; comme si l'agrément devait régler la créance! Et c'est pour punir ce désordre par un ordre qui lui est conforme, que Dieu ne verse ses lumières dans les esprits qu'après avoir dompté la rébellion de la volonté par une douceur toute céleste qui la charme et qui l'entraîne[1].

Je ne parle donc que des vérités de notre portée; et c'est d'elles que je dis que l'esprit et le cœur sont comme les portes par où elles sont reçues dans l'âme, mais que bien peu entrent par l'esprit, au lieu qu'elles y sont introduites en foule par les caprices téméraires de la volonté, sans le conseil du raisonnement[2].

1. On ne voit en tout cela que deux usages de la volonté : l'un qui est naturel, mais mauvais le plus souvent ; l'autre qui est bon, mais surnaturel. Dans le premier cas, l'âme cède à l'agrement, au plaisir, qui l'entraîne souvent à l'erreur sur ce qui est bien ou mal pour elle ; dans le second, elle va droit a son vrai bien, mais par une impulsion reçue immédiatement de Dieu. Descartes, sans être contraire à ces idées, reconnait cependant un bon et légitime usage, quoique naturel, de la volonté, lorsqu'elle consent aux verites que l'entendement lui montre claires et distinctes

2. « *La volonté est un des principaux organes de la creance; non qu'elle forme la créance, mais parce que les choses sont vraies ou fausses, selon la face par où on les regarde. La volonté, qui se plait à l'une plus qu'a l'autre, détourne l'esprit de comprendre les qualités de celles*

Ces puissances ont chacune leurs principes et les premiers moteurs de leurs actions.

Ceux de l'esprit sont des vérités naturelles et connues à tout le monde, comme que le tout est plus grand que sa partie, outre plusieurs axiomes particuliers que les uns reçoivent et non pas d'autres, mais qui dès qu'ils sont admis sont aussi puissants, quoique faux, pour emporter la créance, que les plus véritables.

Ceux de la volonté sont de certains désirs naturels et communs à tous les hommes, comme le désir d'être heureux, que personne ne peut pas ne pas avoir, outre plusieurs objets particuliers que chacun suit pour y arriver, et qui ayant la force de nous plaire sont aussi forts, quoique pernicieux en effet, pour faire agir la volonté, que s'ils faisaient son véritable bonheur[1].

Voilà pour ce qui regarde les puissances qui nous portent à consentir.

Mais pour les qualités des choses que nous devons persuader, elles sont bien diverses[2].

qu'elle n'aime pas à voir; et ainsi l'esprit, marchant d'une pièce avec la volonté, s'arrête à regarder la face qu'elle aime, et ainsi il en juge par ce qu'il en voit. » (Art. III, 10, *Pensées.*)

1. « *Tous les hommes recherchent d'être heureux; cela est sans exception. Quelque differents moyens qu'ils y emploient, ils tendent tous à ce but. Ce qui fait que les uns vont à la guerre et que les autres n'y vont pas, est ce même désir qui est dans tous les deux accompagné de differentes vues. La volonté ne fait jamais la moindre démarche que vers cet objet. C'est le motif de toutes les actions de tous les hommes, jusqu'à ceux qui vont se pendre.* » (Art. VIII, 2, *Pensées*). Pascal etablit un parallelisme exact entre l'entendement et la volonté : chacune des deux puissances se décide en vertu de deux sortes de principes; les uns, vrais et légitimes, qui sont aussi les mêmes chez tous les hommes; les autres, incertains sinon faux, et d'ordinaire pernicieux. Il faut neanmoins avoir egard à tout cela, quand on veut persuader entierement.

2. Dans tout ce qui suit, Pascal distingue tous les cas possibles (il y en a cinq), et les examine l'un après l'autre, avec l'exactitude d'un geometre qui discute un probleme

Les unes se tirent, par une conséquence nécessaire, des principes communs et des vérités avouées. Celles-là peuvent être infailliblement persuadées; car, en montrant le rapport qu'elles ont avec les principes accordés, il y a une nécessité inévitable de convaincre, et il est impossible qu'elles ne soient pas reçues dans l'âme dès qu'on a pu les enrôler à ces vérités qu'elle a déjà admises.

Il y en a qui ont une union étroite avec les objets de notre satisfaction; et celles-là sont encore reçues avec certitude, car aussitôt qu'on fait apercevoir à l'âme qu'une chose peut la conduire à ce qu'elle aime souverainement, il est inévitable qu'elle ne s'y porte avec joie.

Mais celles qui ont cette liaison tout ensemble et avec les vérités avouées et avec les désirs du cœur, sont si sûres de leur effet, qu'il n'y a rien qui le soit davantage dans la nature.

Comme au contraire ce qui n'a de rapport ni à nos créances ni à nos plaisirs nous est importun, faux et absolument étranger.

En toutes ces rencontres, il n'y a point à douter. Mais il y en a où les choses qu'on veut faire croire sont bien établies sur des vérités connues, mais qui sont en même temps contraires aux plaisirs qui nous touchent le plus. Et celles-là sont en grand péril de faire voir, par une expérience qui n'est que trop ordinaire, ce que je disais

à plusieurs solutions Il suit la méthode que Descartes avait empruntée aux mathématiques, et qui consiste, entre autres choses, à « *diviser chaque difficulté en autant de parcelles qu'il se pourrait* (il a distingué la part du sujet à qui l'on s'adresse, et celle de ce qui est l'objet du discours) », et à « *faire partout des dénombrements si entiers et des revues si générales, qu'il fût assuré de ne rien omettre* (il énumère en effet, dans chacune des deux divisions qu'il a marquées, tout ce qui peut se rencontrer) » au commencement : que cette âme impérieuse, qui se vantait de n'agir que par raison, suit par un choix honteux et téméraire ce qu'une volonté corrompue désire, quelque résistance que l'esprit trop éclairé puisse y opposer[1].

C'est alors qu'il se fait un balancement douteux entre la vérité et la volupté, et que la connaissance de l'une et le sentiment de l'autre font un combat dont le succès est bien incertain, puisqu'il faudrait pour en juger connaître tout ce qui se passe dans le plus intérieur de l'homme, que l'homme même ne connaît presque jamais.

Il paraît de là que, quoi que ce soit qu'on veuille persuader, il faut avoir égard à la personne à qui on en veut, dont il faut connaître l'esprit et le cœur, quels principes il accorde, quelles choses il aime; et ensuite remarquer dans la chose dont il s'agit quel rapport elle a avec les principes avoués ou avec les objets délicieux par les charmes qu'on lui donne[2].

De sorte que l'art de persuader consiste autant en celui d'agréer qu'en celui de convaincre, tant les hommes se gouvernent plus par caprice que par raison !

Or, de ces deux méthodes, l'une de convaincre, l'autre

1. *Trop éclairé;* c'est que, ne pouvant empêcher le mal, qu'elle nous fait néanmoins reconnaître et sentir, elle ne sert qu'à nous rendre plus malheureux. Mais cela même fait notre grandeur : « .. *L'homme connaît qu'il est misérable ; il est donc misérable, puisqu'il l'est ; mais il est bien grand, puisqu'il le connaît.* » (Art VIII, 13, *Pensées*)

2 Pascal résume en cette phrase toute sa théorie sur l'art de *persuader*. Ce mot chez lui n'est pas opposé à *convaincre*, comme si persuader s'adressait au *cœur*, et convaincre à l'*esprit* Persuader s'adresse à l'âme tout entière, et si l'on veut distinguer en elle deux parties, l'esprit et le cœur, *convaincre* s'adresse au premier, et au second *agréer*. Pascal ne donnera des règles que pour convaincre, non pour agréer. — Le P Desmolets : *qu'on leur attribue*.

d'agréer, je ne donnerai ici les règles que de la première; et encore au cas qu'on ait accordé les principes et qu'on demeure ferme à les avouer : autrement je ne sais s'il y aurait un art pour accommoder les preuves à l'inconstance de nos caprices.

Mais la manière d'agréer est bien sans comparaison plus difficile, plus subtile, plus utile et plus admirable; aussi, si je n'en traite pas, c'est parce que je n'en suis pas capable; et je m'y sens tellement disproportionné que je crois la chose absolument impossible[1].

Ce n'est pas que je ne croie qu'il y ait des règles aussi sûres pour plaire que pour démontrer, et que qui les saurait parfaitement connaître et pratiquer ne réussît aussi sûrement à se faire aimer des rois et de toutes sortes de personnes qu'à démontrer les éléments de la géométrie à ceux qui ont assez d'imagination pour en comprendre les hypothèses[2]. Mais j'estime, et c'est peut-être ma faiblesse qui me le fait croire, qu'il est impossible d'y arriver. Au moins je sais que si quelqu'un en

1. Cependant Mme Périer dit dans la Vie de son frère : « *Il avait une éloquence naturelle qui lui donnait une facilité merveilleuse à dire ce qu'il voulait; mais il avait ajouté à cela des règles dont on ne s'était pas encore avisé, et dont il se servait si avantageusement qu'il était maître de son style; en sorte que, non seulement il disait tout ce qu'il voulait, mais il le disait en la manière qu'il voulait, et son discours faisait l'effet qu'il s'était proposé.* » (Éd. Havet, *Introd* LXXIII.)

2. On s'étonne de voir la géométrie rapportée à l'imagination, et non à l'entendement pur. C'est qu'il y a quelque chose de supérieur encore aux mathématiques, et dont l'objet est davantage abstrait et dépouillé de tout ce qui rappelle la réalité sensible. Platon ne mettait-il pas au-dessus des mathématiques la dialectique, et Descartes écrivait : « *Les pensées métaphysiques, qui exercent l'entendement pur, servent à nous rendre la notion de l'âme familière; et l'étude des mathématiques, qui exerce principalement l'imagination en la considération des figures et des mouvements, nous accoutume à former des notions du corps bien distinctes...* » (Éd. Garnier, t III, p. 251.)

est capable, ce sont des personnes que je connais, et qu'aucun autre n'a sur cela de si claires et de si abondantes lumières[1].

La raison de cette extrême difficulté vient de ce que les principes du plaisir ne sont pas fermes et stables. Ils sont divers en tous les hommes et variables dans chaque particulier avec une telle diversité qu'il n'y a point d'homme plus différent d'un autre que de soi-même dans les divers temps. Un homme a d'autres plaisirs qu'une femme ; un riche et un pauvre en ont de différents ; un prince, un homme de guerre, un marchand, un bourgeois, un paysan, les vieux, les jeunes, les sains, les malades, tous varient ; les moindres accidents les changent.

Or, il y a un art, et c'est celui que je donne, pour faire voir la liaison des vérités avec leurs principes, soit de vrai, soit de plaisir, pourvu que les principes qu'on a une fois avoués demeurent fermes et sans être jamais démentis.

Mais comme il y a peu de principes de cette sorte et que, hors de la géométrie qui ne considère que des figures très simples, il n'y a presque point de vérités dont nous demeurions toujours d'accord et encore moins d'objets

1. Qui sont ces personnes ? Arnauld et Nicole, a-t-on dit. Pourquoi pas plutôt le chevalier de Mére, qui initia Pascal aux choses du monde, et se vante de l'avoir gueri de ses mathematiques, et qui d'ailleurs avait fait de l'*art d'agréer* l'étude de toute sa vie ? D'autant plus que dans le fragment qui precede, à propos de l'espace divisible a l'infini, Pascal fait allusion au sentiment contraire de ce personnage. Arnauld avait bien plutôt l'*esprit géométrique* que l'*esprit de finesse*, comme il parut dans le *factum* composé par lui un peu avant sa condamnation, et qui donna à Pascal l'occasion d'ecrire sa premiere lettre au Provincial. « *Je vois bien*, avait dit Arnauld apres l'avoir lu à ses amis, *que vous trouvez cet ecrit mauvais, et je crois que vous avez raison.* » Quant a Nicole, il ne publia quelque chose que plus tard, et ses *Essais de morale* ne parurent qu'en 1671.

de plaisir dont nous ne changions à toute heure, je ne sais s'il y a moyen de donner des règles fermes pour accorder les discours à l'inconstance de nos caprices[1].

Cet art, que j'appelle *l'art de persuader* et qui n'est proprement que la conduite des preuves méthodiques parfaites, consiste en trois parties essentielles : — à définir les termes dont on doit se servir par des définitions claires ; — à proposer des principes ou axiomes évidents pour prouver la chose dont il s'agit ; — et à substituer toujours mentalement dans la démonstration les définitions à la place des définis.

La raison de cette méthode est évidente, puisqu'il serait inutile de proposer ce qu'on veut prouver et d'en entreprendre la démonstration, si on n'avait auparavant défini clairement tous les termes qui ne sont pas intelligibles; et qu'il faut de même que la démonstration soit précédée de la demande des principes évidents qui y sont nécessaires, car si l'on n'assure le fondement on ne peut assurer l'édifice; et qu'il faut enfin en démontrant

1. Pascal préfère de beaucoup l'*art de convaincre*. L'*art d'agréer* n'est qu'une concession à la faiblesse de notre nature, depuis qu'elle est gâtée par le péché du premier homme. Il faut bien s'accommoder aux hommes, comme ils sont, lorsqu'on veut leur persuader quelque chose, et Pascal l'a fait d'assez bonne grâce, ce semble, en écrivant les *Provinciales* Mais il avait au fond sur l'art et ses nécessités si frivoles et si peu favorables au salut les sentiments que Malebranche exprimera plus tard ainsi : « ... *Tous les divers styles ne nous plaisent ordinairement qu'à cause de la corruption secrète de notre cœur... Si nous aimons le genre sublime, l'air noble et libre de certains auteurs, c'est que nous avons de la vanité et que nous aimons la grandeur et l'indépendance, et ce goût que nous trouvons dans la délicatesse des discours efféminés n'a point d'autre source qu'une secrète inclination pour la mollesse et pour la volupté.* » (*Rech. de la Ver.*, l II, 3e partie, c. v.) Il faut voir comme le P. Bouhours, jésuite, proteste contre cette théorie janséniste sur l'art. (Sainte-Beuve, *Port-Royal*, t. II, p. 162-163, édit. 1867)

substituer mentalement les définitions à la place des définis, puisque autrement on pourrait abuser des divers sens qui se rencontrent dans les termes. Il est facile de voir qu'en observant cette méthode on est sûr de convaincre, puisque, les termes étant tous entendus et parfaitement exempts d'équivoques par les définitions, et les principes étant accordés, si dans la démonstration on substitue toujours mentalement les définitions à la place des définis, la force invincible des conséquences ne peut manquer d'avoir tout son effet.

Aussi jamais une démonstration dans laquelle ces circonstances sont gardées n'a pu recevoir le moindre doute; et jamais celles où elles manquent ne peuvent avoir de force.

Il importe donc bien de les comprendre et de les posséder; et c'est pourquoi, pour rendre la chose plus facile et plus présente, je les donnerai toutes en ce peu de règles qui enferment tout ce qui est nécessaire pour la perfection des définitions, des axiomes et des démonstrations, et par conséquent de la méthode entière des preuves géométriques de l'art de persuader[1].

Règles pour les définitions. — 1. N'entreprendre de définir aucune des choses tellement connues d'elles-mêmes, qu'on n'ait point de termes plus clairs pour les expliquer.

2. N'omettre aucun des termes un peu obscurs ou équivoques sans définition.

3. N'employer dans la définition des termes que des mots parfaitement connus, ou déjà expliqués.

Règles pour les axiomes. — 1. N'omettre aucun des

1. Les auteurs de la *Logique de Port-Royal* ont emprunté ces règles, comme ils le reconnaissent, en les copiant dans le manuscrit encore inédit (Partie IV, c. XI).

principes nécessaires sans avoir demandé si on l'accorde, quelque clair et évident qu'il puisse être.

2. Ne demander en axiomes que des choses parfaitement évidentes d'elles-mêmes.

Règles pour les démonstrations. — 1. N'entreprendre de démontrer aucune des choses qui sont tellement évidentes d'elles-mêmes qu'on n'ait rien de plus clair pour les prouver.

2. Prouver toutes les propositions un peu obscures, et n'employer à leur preuve que des axiomes très évidents ou des propositions déjà accordées ou démontrées.

3. Substituer toujours mentalement les définitions à la place des définis, pour ne pas se tromper par l'équivoque des termes que les définitions ont restreints.

Voilà les huit règles qui contiennent tous les préceptes des preuves solides et immuables, desquelles il y en a trois qui ne sont pas absolument nécessaires et qu'on peut négliger sans erreur; qu'il est même difficile et comme impossible d'observer toujours exactement, quoiqu'il soit plus parfait de le faire autant qu'on peut; ce sont les trois premières de chacune des parties :

Pour les définitions. — Ne définir aucun des termes qui sont parfaitement connus.

Pour les axiomes. — N'omettre à demander aucun des axiomes parfaitement évidents et simples.

Pour les démonstrations. — Ne démontrer aucune des choses très connues d'elles-mêmes.

Car il est sans doute que ce n'est pas une grande faute de définir et d'expliquer bien clairement des choses, quoique très claires d'elles-mêmes, ni d'omettre à demander par avance des axiomes qui ne peuvent être refusés au lieu où ils sont nécessaires; ni enfin de prouver des propositions qu'on accorderait sans preuve[1].

Mais les cinq autres règles sont d'une nécessité absolue, et on ne peut s'en dispenser sans un défaut essentiel et souvent sans erreur; et c'est pourquoi je les reprendrai ici en particulier.

Règles nécessaires pour les définitions. — N'omettre aucun des termes un peu obscurs ou équivoques sans définition;

N'employer dans les définitions que des termes parfaitement connus ou déjà expliqués.

Règle nécessaire pour les axiomes. — Ne demander en axiomes que des choses parfaitement évidentes.

Règles nécessaires pour les démonstrations. — Prou-

1. De ces trois règles, la 1re au moins et la 3e sont observées le plus possible par les géomètres soucieux d'exactitude et de rigueur, et contribuent, comme le dit Pascal, à la *perfection* de la science. En géometrie, plus on démontre, mieux cela est. « Proclus, dit Leibniz, attribue déjà à Thales de Milet, un des plus anciens géomètres connus, d'avoir voulu demontrer des propositions qu'Euclide a supposées depuis comme évidentes. On rapporte qu'Apollonius a démontré d'autres axiomes, et Proclus le fait aussi. Feu M. Roberval, deja octogenaire ou environ, avait dessein de publier de *nouveaux éléments de géométrie* .. Peut-être que les *nouveaux éléments* de M. Arnauld, qui faisaient du bruit alors, y avaient contribue. Il en montra quelque chose dans l'Academie royale des sciences, et quelques-uns trouvèrent à redire que, supposant cet axiome, que *si à des égaux on ajoute des grandeurs égales, il en provient des égaux*, il démontrait cet autre qu'on juge de pareille évidence, que *si des égaux on ôte des grandeurs égales, il en reste des égaux*. On disait qu'il devait les supposer tous deux ou les démontrer tous deux Mais je n'etais pas de cet avis, et je croyais que c'était toujours autant de gagné que d'avoir diminué le nombre des axiomes. Et l'addition sans doute est antérieure à la soustraction et plus simple, parce que les deux termes sont employés dans l'addition l'un comme l'autre, ce qui n'est pas dans la soustraction. M. Arnauld faisait le contraire de M. Roberval. Il supposait encore plus qu'Euclide .. Cela pourra être bon pour les commençants, que la scrupulosite arrête; mais quand il s'agit de l'etablissement de la science, c'est autre chose. » (*Nouveaux Essais*, l. IV, c. VII)

ver toutes les propositions, en n'employant à leur preuve que des axiomes très évidents d'eux-mêmes ou des propositions déjà démontrées et accordées.

N'abuser jamais de l'équivoque des termes, en manquant de substituer mentalement les définitions qui les restreignent et les expliquent[1].

Voilà les cinq règles qui forment tout ce qu'il y a de nécessaire pour rendre les preuves convaincantes, immuables, et pour tout dire géométriques; et les huit règles ensemble les rendent encore plus parfaites.

Je passe maintenant à celle de l'ordre dans lequel on doit disposer les propositions, pour être dans une suite excellente et géométrique[2].

1. A propos de sa polémique avec le P. Noel, Pascal écrivait à M. Le Pailleur : « Voici ses termes : Je définis le corps ce qui est composé de parties les unes hors des autres, et dis que tout corps est espace,.... et que tout espace est corps .. Ce n'est pas qu'il ne lui soit permis de donner à ce qui a des parties les unes hors les autres, tel nom qu'il lui plaira; mais il ne tirera pas grand avantage de cette liberté; car le mot de *corps*, par le choix qu'il en a fait, devient equivoque : si bien qu'il y aura deux sortes de choses entierement differentes, et même hetérogenes que l'on appellera *corps* ; l'une, ce qui a des parties les unes hors les autres, car on l'appellera *corps*, suivant le P. Noël; l'autre, une substance matérielle, mobile et impenetrable, car on l'appellera *corps* dans l'ordre. Mais il ne pourra pas conclure de cette ressemblance de nom, une ressemblance de propriétés entre ces choses, .. de même que s'il avait donné à ce qui a des parties les unes hors des autres, le nom d'*eau*, d'*esprit*, de *lumiere*, comme il aurait pu faire aussi aisément que celui du corps, il n'en aurait pu conclure que notre espace fût aucune de ces choses » Et, substituant la définition à la place du defini, Pascal trouve « que cette conclusion, que tout espace est corps, n'est autre chose que celle-ci : que tout espace a des parties les unes hors des autres; mais non pas que tout espace est matériel, comme le P. Noël s'est figuré. » — Par-dessus le P. Noël, Pascal vise peut-être ici et atteint sûrement Descartes, qui définissait le corps ou la matiere par l'etendue seulement.

2. Toute cette seconde partie manque. Il est probable que l'ordre que Pascal eût recommandé est l'ordre des géomètres, et sa méthode eût été entièrement la même que

Après avoir établi....

Voilà en quoi consiste cet art de persuader, qui se renferme dans ces deux principes : définir tous les noms qu'on impose ; prouver tout, en substituant mentalement les définitions à la place des définis.

Sur quoi il me semble à propos de prévenir trois objections principales qu'on pourra faire.

L'une, que cette méthode n'a rien de nouveau ; — l'autre, qu'elle est bien facile à apprendre, sans qu'il soit nécessaire pour cela d'étudier les éléments de géométrie, puisqu'elle consiste en ces deux mots qu'on sait à la première lecture ; — et enfin qu'elle est assez inutile, puisque son usage est presque renfermé dans les seules matières géométriques.

Il faut donc faire voir — qu'il n'y a rien de si inconnu, — rien de plus difficile à pratiquer, — et rien de plus utile et de plus universel.

Pour la première objection, qui est que ces règles sont communes dans le monde, « qu'il faut tout définir et tout prouver, » et que les logiciens mêmes les ont mises entre les préceptes de leur art[1], je voudrais que la chose fût

celle de Descartes, sans qu'on pût dire qu'il l'empruntait à Descartes : il était assez bon mathématicien pour la trouver lui-même et en reconnaître toute l'excellence. Du moins on a vu, *note* 2, de la p. 118, qu'il suivait la 2e et la 4e règle de Descartes : *diviser*. ., et *faire partout des dénombrements si entiers*,... Restait, il est vrai, la 3e règle, qui est la plus importante : « *conduire par ordre mes pensées, en commençant par les objets les plus simples et les plus aisés à connaître, pour monter peu à peu comme par degrés jusques à la connaissance des plus composés...* »

1. Qui sont ces logiciens, auxquels Pascal fait allusion ? Il n'en nomme aucun, et ne les avait certainement pas lus. Tout ce qu'il savait de logique, il l'avait appris, non dans les livres, mais par des entretiens avec son père, « pendant et apres le repas ». Puis, en s'exerçant à des questions de géométrie, il se fit lui-même sa Logique.

véritable et qu'elle fût si connue, que je n'eusse pas eu la peine de rechercher avec tant de soin la source de tous es défauts des raisonnements qui sont véritablement communs. Mais cela l'est si peu, que si l'on en excepte les seuls géomètres, qui sont en si petit nombre qu'ils sont uniques en tout un peuple et dans un long temps, on n'en voit aucun qui le sache aussi[1]. Il sera aisé de le aire entendre à ceux qui auront parfaitement compris le eu que j'en ai dit; mais s'ils ne l'ont pas conçu parfaitement, j'avoue qu'ils n'y auront rien à y apprendre.

Mais s'ils sont entrés dans l'esprit de ces règles, et qu'elles aient assez fait d'impression pour s'y enraciner et s'y affermir, ils sentiront combien il y a de différence entre ce qui est dit ici et ce que quelques logiciens en ont peut-être écrit d'approchant au hasard, en quelques lieux de leurs ouvrages.

Ceux qui ont l'esprit de discernement savent combien il y a de différence entre deux mots semblables, selon les lieux et les circonstances qui les accompagnent[2]. Croira-

1. Voici les géomètres auxquels Pascal rend hommage : « M. des Argues, Lyonnais, un des grands esprits de ce temps et des plus versés aux mathématiques, et entre autres aux coniques ..» M. Le Pailleur, qu'il appelle « un excellent géomètre ». — Surtout M. de Roberval et Fermat, « celui de toute l'Europe que je tiens pour le plus grand geomètre, » sans parler des moindres, MM. de Beaugrand, Hardy, Carcavi, etc. — C'est une question de savoir s'il a apprécié toutes les inventions de Descartes, comme mathematicien; en tout cas, il fut toute sa vie geomètre pur, plutôt qu'algebriste, et resolvait les problèmes plutôt par la considération des figures que par l'analyse des equations.

2. Ici commence une sorte de parenthèse, qui se termine, après six paragraphes, a ces mots : « ... c'est alors que la difference d'un même mot en diverses bouches parait le plus » — Ici, comme partout, Pascal revendique avec un soin jaloux son originalité, même contre les obscurs logiciens qu'on pouvait lui opposer, comme il avait fait deja en 1651 contre le jesuite de Montferrand qui lui opposait Torricelli, le premier auteur des expériences sur le vide; comme il fait dans ses *Pensées* contre ceux qui lui auraient oppose Montaigne : « *Qu'on ne dise pas que je n'ai rien dit*

t-on, en vérité, que deux personnes qui ont lu et appris par cœur le même livre le sachent également, si l'un le comprend en sorte qu'il en sache tous les principes, la force des conséquences, les réponses aux objections qu'on y peut faire et toute l'économie de l'ouvrage[1]; au lieu qu'en l'autre ce soient des paroles mortes et des semences qui, quoique pareilles à celles qui ont produit des arbres si fertiles, sont demeurées sèches et infructueuses dans l'esprit stérile qui les a reçues en vain?

Tous ceux qui disent les mêmes choses ne les possèdent pas de la même sorte; et c'est pourquoi l'incomparable auteur de l'*art de conférer* s'arrête avec tant de soin à faire entendre qu'il ne faut pas juger de la capacité d'un homme par l'excellence d'un bon mot qu'on lui entend dire : mais, au lieu d'étendre l'admiration d'un bon discours à la personne, qu'on pénètre, dit-il, l'esprit d'où il sort; qu'on tente s'il le tient de sa mémoire ou d'un heureux hasard; qu'on le reçoive avec froideur et avec mépris, afin de voir s'il ressentira qu'on ne donne pas à ce qu'il dit l'estime que son prix mérite : on verra le plus souvent qu'on le lui fera désavouer sur l'heure, et qu'on le tirera bien loin de cette pensée meilleure qu'il ne croit, pour le jeter dans une autre toute basse et ridicule. Il faut donc sonder comme cette pensée est logée en son auteur; comment, par où, jusqu'où il la possède : autrement le jugement précipité sera jugé téméraire[2].

de nouveau : la disposition des matières est nouvelle. Quand on joue à la paume, c'est une même balle dont on joue l'un et l'autre, mais l'un la place mieux... » (Art. VII, 9.) « *Ce n'est pas dans Montaigne, mais dans moi, que je trouve tout ce que j'y vois.* » (Art. XXV, 24.)

1. C'est ainsi, par exemple, que Pascal avait lu et retenu Épictète et Montaigne.

2. L'*Art de conférer* est au c. VIII, l. III, des *Essais* de Montaigne. « ... *Aux disputes et conférences, tous les mots qui nous semblent bons ne doivent pas incontinent être acceptés... Il peut*

Je voudrais demander à des personnes équitables si ce principe : *La matière est dans une incapacité naturelle invincible de penser*, et celui-ci : *Je pense, donc je suis*[1], sont en effet les mêmes dans l'esprit de Descartes et dans l'esprit de saint Augustin, qui a dit la même chose douze cents ans auparavant[2].

---

bien advenir à un tel de dire un beau traict, une bonne responce et sentence, et la mettre en avant sans en cognoistre la force .. Il n'y faut point toujours ceder, quelque vérité ou beauté qu'elle ayt; ou il la fault combattre à escient, ou se tirer arriere, soubs couleur de ne l'entendre pas, pour taster de toutes parts comment elle est logée en son auteur... J'oys journellement dire a des sots des mots non sots ; ils disent une bonne chose; scachons jusques où ils la cognoissent, voyons par où ils la tiennent. » Et Montaigne termine ainsi : « *J'aime a les laisser embourber et empestrer encores plus qu'ils ne le sont, et si avant, s'il est possible, qu'enfin ils se recognoissent* » — Malebranche dira au contraire : « *Ceux qui veulent se faire aimer et qui ont bien de l'esprit, en doivent faire part aux autres. Qu'ils fassent si bien valoir les bonnes choses que les autres disent en leur présence, qu'avec eux chacun soit content de lui-même....* » (*Morale*, 2e partie, ch. XIII, § 3) Ceci est plus charitable, et plus utile comme règle pour *agréer* à la fois et pour convaincre. Pascal en convient ailleurs. L'honnêteté y trouve son compte non moins que la charité.

1. Ces deux principes résument, en effet, toute la philosophie de Descartes : le premier, sa physique (la matière n'est que l'étendue); le second, sa métaphysique. Ailleurs, Pascal semble admettre ces deux principes pour son propre compte : « *Je puis bien concevoir un homme sans mains, pieds, tête, .. mais je ne puis concevoir l'homme sans pensée....* » (Art. I, 2) « *L'homme n'est qu'un roseau, le plus faible de la nature, mais c'est un roseau pensant. Il ne faut pas que l'univers entier s'arme pour l'écraser. Une vapeur, une goutte d'eau, suffit pour le tuer. Mais quand l'univers l'écraserait, l'homme serait encore plus noble que ce qui le tue, parce qu'il sait qu'il meurt, et l'avantage que l'univers a sur lui. L'univers n'en sait rien. Toute notre dignité consiste donc en la pensée...* » (Ib. 6.) « *Tous les corps, le firmament, les etoiles, la terre et ses royaumes, ne valent pas le moindre des esprits; car il connaît tout cela, et soi; et les corps, rien.... De tous les corps ensemble, on ne saurait en faire réussir une petite pensée : cela est impossible, et d'un autre ordre ...* » (Art XVII, 1.)

2. Descartes fut averti dès 1640 que son principe se trouvait déjà dans saint Augustin. Arnauld, dans

En vérité, je suis bien éloigné de dire que Descartes n'en soit pas le véritable auteur, quand même il ne l'aurait appris que dans la lecture de ce grand saint; car je sais combien il y a de différence entre écrire un mot à l'aventure, sans y faire une réflexion plus longue et plus étendue, et apercevoir dans ce mot une suite admirable de conséquences, qui prouve la distinction des natures matérielle et spirituelle, et en faire un principe ferme et soutenu d'une physique entière, comme Descartes a prétendu faire. Car, sans examiner s'il a réussi efficacement dans sa prétention, je suppose qu'il l'ait fait, et c'est dans cette supposition que je dis que ce mot est aussi différent dans ses écrits d'avec le même mot dans les autres qui l'ont dit en passant, qu'un homme plein de vie et de force d'avec un homme mort[1].

ses *Objections aux Méditations*, fait plusieurs rapprochements entre le théologien et le philosophe. Descartes « *le remercie du secours qu'on lui a donné en le fortifiant de l'autorité de saint Augustin.* » Plus tard, Arnauld traduisit un long passage du livre de la *Trinité*, l X, c. x, qu'il envoya le 31 juillet 1660 à Mme de Sablé : « Je vous envoie, dit-il, un discours de l'âme, que j'ai tiré autrefois de saint Augustin... Vous y trouverez beaucoup de raisonnements semblables à ceux de Descartes, et *c'est, pour vous dire le vrai, ce qui m'a donné quelque affection pour ce nouvel auteur.* . » Le même discours se retrouve dans la préface que Clerselier écrivit, lorsqu'il publia *l'Homme de René Descartes*, en 1664. Il comptait sur l'autorité de ce Père de l'Église pour faire accepter Descartes aux timorés et aux scrupuleux.

1. Pascal, qui professe ici la plus vive admiration pour Descartes, ailleurs si maltraité par lui, fait néanmoins ses réserves : *sans examiner*, dit-il, *s'il a réussi dans sa prétention* (d'en faire le principe ferme d'une physique entière). Pascal ne croyait pas que Descartes y eût réussi. Pourtant il était du sentiment de Descartes sur l'*automate*, et il paraît bien admettre avec lui, dans le fragment qui précède, que tout dans la nature se fait mécaniquement Mais il fut toujours contraire à sa *matière subtile*, et dans sa lettre au P. Noel en 1647, et dans ses conversations à la fin de sa vie : « *Feu M. Pascal*, disait Nicole, *quand il voulait donner un exemple d'une rêverie qui pouvait être approuvée par entêtement, proposait d'ordinaire l'opinion de Descartes sur la matière et sur l'espace.* » On sait que Descartes les identifiait, et même cette

Tel dira une chose de soi-même sans en comprendre l'excellence, où un autre comprendra une suite merveilleuse de conséquences qui nous font dire hardiment que ce n'est plus le même mot et qu'il ne le doit non plus à celui d'où il l'a appris, qu'un arbre admirable n'appartiendra pas à celui qui en aurait jeté la semence, sans y penser et sans la connaître, dans une terre abondante qui en aurait profité de la sorte par sa propre fertilité.

Les mêmes pensées poussent quelquefois tout autrement dans un autre que dans leur auteur : infertiles dans leur champ naturel, abondantes étant transplantées. Mais il arrive bien plus souvent qu'un bon esprit fait produire lui-même à ses propres pensées tout le fruit dont elles sont capables, et qu'ensuite quelques autres, les ayant ouï estimer, les empruntent et s'en parent, mais sans en connaître l'excellence ; et c'est alors que la différence d'un même mot en diverses bouches paraît le plus.

C'est de cette sorte que la logique a peut-être emprunté les règles de la géométrie sans en comprendre la force : et ainsi, en les mettant à l'aventure parmi celles qui lui sont propres, il ne s'ensuit pas de là qu'ils aient entré dans l'esprit de la géométrie ; et je serai bien éloigné, s'ils n'en donnent pas d'autres marques que de l'avoir dit en passant, de les mettre en parallèle avec cette science qui apprend la véritable méthode de conduire la raison[1].

identification lui permettait de refuser à la matière toute capacité de penser. Pascal, qui acceptait si bien la conséquence, avait-il le droit de repousser, comme il le fait, ce qui en est le principe ? Car enfin qu'est-ce que la matière, si l'on rejette la définition géométrique par l'étendue ou l'espace ? La force, dira Leibniz, c'est-à-dire quelque chose d'analogue à l'esprit et qui pense donc, aussi confusement qu'on voudra.

1. Qu'*ils* aient entré... s'*ils* n'en donnent pas, sans doute les *auteurs* des traités de logique, comme plus

Mais je serai au contraire bien disposé à les en exclure, et presque sans retour. Car de l'avoir dit en passant, sans avoir pris garde que tout est renfermé là dedans, et au lieu de suivre ces lumières s'égarer à perte de vue après des recherches inutiles, pour courir à ce que celles-là offrent et qu'elles ne peuvent donner, c'est véritablement montrer qu'on n'est guère clairvoyant, et bien plus que si l'on avait manqué de les suivre parce qu'on ne les avait pas aperçues[1].

La méthode de ne point errer est recherchée de tout le monde. Les logiciens font profession d'y conduire, les géomètres seuls y arrivent, et hors de leur science et de ce qui l'imite il n'y a point de véritables démonstrations. Tout l'art en est renfermé dans les seuls préceptes[2] que nous avons dits; ils suffisent seuls; ils prouvent seuls; toutes les autres règles sont inutiles ou nuisibles. Voilà ce que je sais par une longue expérience de toutes sortes de livres et de personnes.

Et sur cela je fais le même jugement de ceux qui disent que les géomètres ne leur donnent rien de nouveau par ces règles, parce qu'ils les avaient en effet, mais confondues parmi une multitude d'autres inutiles ou fausses dont ils ne pouvaient pas les discerner, que de ceux qui, cherchant un diamant de grand prix parmi un

loin ce sont leurs *traités* qu'on ne peut « mettre en parallèle avec cette science... ».

1. Même embarras dans cette phrase. *Les* en exclure, ces *auteurs* de logique. — « Courir à ce que *celles-là*... », sans doute ces autres *règles* « qui sont propres à la logique ».

2. Ainsi la géometrie seule « apprend la véritable méthode de conduire la raison ». — « Hors d'elle et de *ce qui l'imite*, il n'y a point de véritables démonstrations. » Qu'est-ce que Pascal entendait par *ce qui l'imite?* La physique sans doute, et les sciences de la nature. Aurait-il ajouté, comme faisait Descartes, la métaphysique, dont les démonstrations semblaient à celui ci plus rigoureuses que celles de la géométrie ? C'est douteux.

grand nombre de faux, mais qu'ils n'en sauraient pas distinguer, se vanteraient, en les tenant tous ensemble, de posséder le véritable aussi bien que celui qui, sans s'arrêter à ce vil amas, porte la main sur la pierre choisie que l'on recherche, et pour laquelle on ne jetait pas tout le reste[1].

Le défaut d'un raisonnement faux est une maladie qui se guérit par ces deux remèdes. On en a composé un autre d'une infinité d'herbes inutiles où les bonnes se trouvent enveloppées et où elles demeurent sans effet, par les mauvaises qualités de ce mélange[2].

Pour découvrir tous les sophismes et toutes les équivoques des raisonnements captieux, ils ont inventé des noms barbares qui étonnent ceux qui les entendent ; et au lieu qu'on ne peut débrouiller tous les replis de ce nœud si embarrassé qu'en tirant l'un des bouts que les géomètres assignent, ils en ont marqué un nombre étrange d'autres où ceux-là se trouvent compris, sans qu'ils sachent lequel est le bon.

Et ainsi, en nous montrant un nombre de chemins différents qu'ils disent nous conduire où nous tendons, quoiqu'il n'y en ait que deux qui y mènent, il faut savoir les marquer en particulier. On prétendra que la géométrie qui les assigne certainement ne donne que ce qu'on avait déjà des autres, parce qu'ils donnaient en effet la

1. Descartes avait dit de la logique ordinaire : « *Bien qu'elle contienne en effet beaucoup de préceptes très vrais et très bons, il y en a toutefois tant d'autres mêlés parmi, qui sont ou nuisibles ou superflus, qu'il est presque aussi malaisé de les en séparer, que de tirer une Diane ou une Minerve hors d'un bloc de marbre qui n'est point encore ébauché.* » (2e partie, *Disc. de la Méth.*)

2. A la comparaison du diamant Pascal ajoute celle des herbes utiles, puis celle d'un nœud à plusieurs bouts, puis celle de nombreux chemins différents, soit quatre comparaisons successives pour exprimer toujours la même idée.

même chose et davantage, sans prendre garde que ce présent perdait son prix par son abondance et qu'il ôtait en ajoutant.

Rien n'est plus commun que les bonnes choses : il n'est question que de les discerner; et il est certain qu'elles sont toutes naturelles et à notre portée et même connues de tout le monde. Mais on ne sait pas les distinguer. Ceci est universel. Ce n'est pas dans les choses extraordinaires et bizarres que se trouve l'excellence de quelque genre que ce soit. On s'élève pour y arriver, et on s'en éloigne : il faut le plus souvent s'abaisser. Les meilleurs livres sont ceux que ceux qui les lisent croient qu'ils auraient pu faire. La nature, qui seule est bonne, est toute familière et commune[1].

Je ne fais donc pas de doute que ces règles, étant les véritables, ne doivent être simples, naïves, naturelles, comme elles le sont. Ce n'est pas *barbara* et *baralipton* qui forment le raisonnement[2]. Il ne faut pas guinder l'esprit; les manières tendues et pénibles le remplissent d'une

1. Pascal a dit ailleurs : « *Il faut de l'agréable et du réel; mais il faut que cet agréable soit lui-même pris du vrai.* » (*Pensées*, art. VII, 27.) Et encore : « *Les hommes ont pris plaisir à se former une idée de l'agréable si élevée, que personne n'y peut atteindre. Jugeons-en mieux, et disons que ce n'est que le naturel, avec une facilité et une vivacité d'esprit qui surprennent.* » (*Disc. sur les passions de l'amour.*) Enfin « *l'agréable et le beau n'est que la même chose* ». (*Ib.*)

2. Les logiciens de Port-Royal donnent cependant une place dans leur *Art de penser* à ces mots bizarres : « *On n'a pas cru*, disent-ils, *devoir s'arrêter au dégoût de quelques personnes qui ont en horreur certains termes artificiels qu'on a formés pour retenir plus facilement les diverses manières de raisonner, comme si c'étaient des mots de magie, et qui font souvent des railleries assez froides sur baroco et baralipton, comme tenant du caractère du pédant.... Il n'y a rien de ridicule dans ces termes, pourvu qu'on n'en fasse pas un trop grand mystère; et que, comme ils n'ont été faits que pour soulager la mémoire, on ne veuille pas les faire passer dans l'usage or-*

sotte présomption par une élévation étrangère et par une enflure vaine et ridicule, au lieu d'une nourriture solide et vigoureuse[1]. Et l'une des raisons principales qui éloignent autant ceux qui entrent dans ces connaissances, du véritable chemin qu'ils doivent suivre, est l'imagination qu'on prend d'abord que les bonnes choses sont inaccessibles, en leur donnant le nom de *grandes*, *hautes*, *élevées*, *sublimes*. Cela perd tout. Je voudrais les nommer *basses*, *communes*, *familières :* ces noms-là leur conviennent mieux ; je hais ces mots d'enflure...[2].

dinaire, et dire, par exemple, qu'on va faire un argument en bocardo ou en felapton, ce qui serait en effet très ridicule. » (*Premier discours.*) — Ici Pascal se souvient de Montaigne, *Essais*, liv. I, c. xxv, et liv. III, c. v.

1. « *Guinder* l'esprit,... manières *tendues et pénibles*,... élévation *étrangère.* » Première métaphore continuée. Puis une seconde : « *enflure*, au lieu d'une *nourriture* ... »

2. Ce sont les règles empruntées à la géométrie que Pascal regarde comme si *naturelles*, si *communes* même et si *familières*. Elles l'étaient à son esprit sans doute, mais non pas à tous les autres, ni surtout lorsqu'il s'agit de certains objets. Domat donne ainsi son avis sur l'usage de la méthode géométrique : « *Et quoiqu'il soit vrai que toutes sortes de matières dont on peut raisonner ou discourir, ne consistent pas en vérités susceptibles de l'évidence ou de la certitude de celles de la géométrie, sa méthode ne laisse pas d'y avoir son usage : car il est naturel à toute sorte de raisonnements, de preuves et de discours de toute nature, de commencer par ce qu'il y a de plus clair, de plus facile et de plus certain, et d'observer l'ordre naturel de la suite et des liaisons qu'ont entre elles les choses dont on doit parler.* » (*Le Droit public*, liv. I, tit. XVII, édit. 1697, des *Lois civiles*, t. IV, p. 477-478.)

TABLE DES MATIÈRES

15302. — Imprimerie A. Lahure, rue de Fleurus, 9, à Paris.

www.ingramcontent.com/pod-product-compliance
Ingram Content Group UK Ltd.
Pitfield, Milton Keynes, MK11 3LW, UK
UKHW021120220726
13924UKWH00004B/1829